社會工作小組叢書（五）

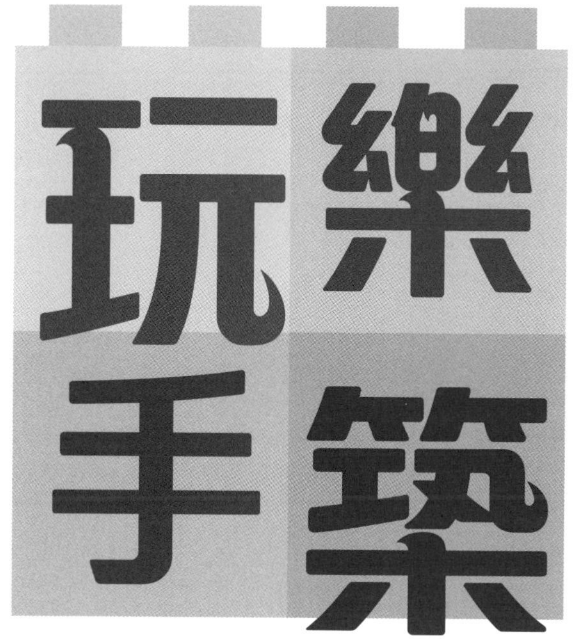


# 玩樂手築

## 40個積木活動

張栢寧、黃幹知 編著

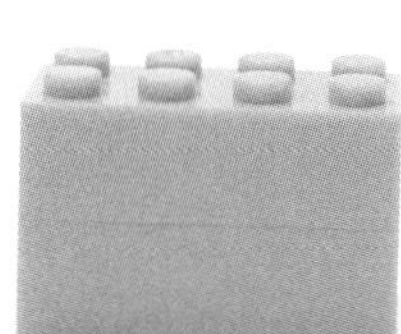
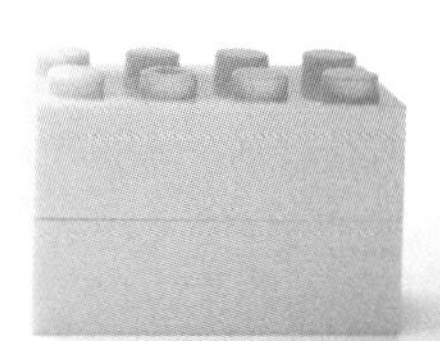

# 玩樂手築

## 40 個積木活動

編著　張栢寧、黃幹知
責任編輯　謝偉強
封面設計　飯氣攻心
相片提供　shutterstock

出版　策馬文創有限公司
電話　(852) 9435 7207
傳真　(852) 3010 8434
電郵　ridingcc@gmail.com
出版日期　2020 年 6 月初版

發行　香港聯合書刊物流有限公司
香港新界大埔汀麗路 36 號中華商務印刷大廈 3 字樓

國際書號　978-988-78876-3-8
圖書分類　(1) 社會工作　(2) 文娛活動



Published and Printed in Hong Kong

# 目錄

玩樂
手築

# 「社會工作小組叢書」總序

小組工作是社會工作實務的一種手法，在不同服務層面上廣為社工應用。這套叢書就是以社會工作小組在香港的應用為立足點。

我們認為學習和應用社會工作小組的過程中，應注意以下幾點：第一，須堅持社會工作的價值和視野；第二，掌握小組工作的特性及小組動力的知識；第三，從服務對象的需要出發，了解當事人有何需要尚未獲滿足；最後，要把介入的理念與工作手法靈活配合，對應著小組互動的情況和組員獨特的處境。

香港社會正面對急速轉變，部份前線社工畢業後，會先選取某一介入理論和手法，然後套用於服務對象上，或參考小組應用手冊，把活動包裝湊合，冠以有趣的名字去開展小組，卻往往忽略服務對象的實際情況和需要，當然很難達到理想的效果，這是很值得關注的。

我們希望透過這套叢書，重申社會工作小組的價值、視角和手法，反思過往的經驗，展望將來的發展，更根本地從社工的價值和視角出發，以滿足服務對象的需要。

## 認清社會工作小組的價值和視角

系統思維（systemic view）是社會工作實務裏一個很重要的視角，一直指導著我們應如何帶領小組以發揮效用，尤其服務對象正面對多元的問題，或接受很多不同的服務。系統思維讓我們在小組中考慮組員與不同系統的關係，更提醒了我們「人在環境中」（person-in-environment）的視角——要處理的不單單是組員的心理問題，還涉及社會層面，以及人與環境的互動。因此，系統思維除了幫助社工注意組員間的互動外，亦會將小組介入指向各個層面，不只著重小組的輔導，還會兼顧促進社區互助、倡議政策改善及追求社會公義。文化角度在社會工作中也同樣重要，我們要思考文化、歷史環境等因素如何影響服務對象。

舉例而言，針對有特殊學習困難的青少年，社工除了採用專門的介入手法外，更可動員四週的資源，如開展社交小組去幫助學生建立互助群體、籌劃家長小組讓他們交流心得和促進子女的學習。隨著小組的發展，這些學生和家長小組更可以結集力量，一起推動教育政策的改變。我們相信小組的治療成效不一定來自專門的介入，組員間的互動亦可發揮輔導和治療效果，進一步更可發揮他們的力量去影響社區和政策，讓服務對象體現自己的力量。

社會工作小組的一個基本價值，就是平等參與、互相尊重，也是建立公民社會的基石。所以小組除了處理組員面對的問題外，也希望透過這平等參與、互相尊重的過程，促進公民社會的建立（Schwartz, 1959；羅國權，2011），這也是我們過往小組工作經常忽略的。

小組工作的價值和社會工作的傳統是一脈相承的。小組工作比個別輔導更強調對人的尊重、平等參與。社會工作相信優勢導向（strength perspective）的角度，我們除了幫助服務對象面對困難和問題外，更重要是凸顯他們如何應付這些困難，以及解決問題的方法和能力。社會工作小組正是要發揮服務對象的毅力，以及欣賞其不屈不撓的美善精神。

整筆過撥款推行後，很多機構為開源節流，較少把資源投放於小組工作的發展上。現行的津貼及服務協議（Funding & Service Agreement）側重了提供短期小組的服務，並且過於著重參與的人數，這種偏重服務數量的資助模式，往往犧牲了小組的服務質素，尤其忽視了長期小組所帶來的貢獻和成效，於是機構難於支持長期小組的服務發展。現時，幾節的短期性小組成為服務的趨勢，並且強調要跟從既定小組程序，藉此加強監控或「保證成效」，因此同工缺乏有利的條件去發展互惠互補的小組（reciprocal model）或社會目標為本的倡議性小組（social goal model）（Papell & Rothman, 1962）。

我們的工作範圍正不斷地受到津助、服務協議和外界資助基金的重新規範。社會工作的基本理念和信念越來越不受重視，社工必須對自身的傳統價值重新思考，否則我們的工作只會不斷地被扭曲，服務對象的需要也只會被邊緣化。

## 對應需要比手法更重要

不少社工對臨床介入特別嚮往，認為心理治療的理論和技術是最專業的，更是提升社工專業地位的不二法門。當然，這些臨床介入和治療理論可加強我們的小組成效，但使用時的心態和方法卻值得關注。首先，應用這些心理治療的理論和技術時未必符合社會工作的價值觀、當時的處境和文化角度；第二，引入心理治療的理論時或會淡化了社工的價值（如對服務對象需要的理解），例如某些理論只重視問題分析和處理，卻忽略滿足服務對象的需要，甚至不能跟隨小組的步伐。第三，心理治療是很受西方資本主義和市場主義的影響，這些觀點很容易將服務對象的問題化約為個人內在和心理的困擾，治療的重點就是要把這些失調行為轉化為符合社會要求的功能性（functional）行為，而社會工作卻是採取批判的角度（critical perspective），考慮人在環境及個人與社會的關係。

舉例而言，現在許多中學生是受校方諸多引導或強迫才參與社工舉辦的小組，而小組的主題往往是由校方主導，這些小組活動能否真正對應學生的需要呢？顯而易見，這些學生的問題和需要是由校方所界定，有些學生甚至被定為「問題學生」，學校與學生雙方的觀點未必是一致的，一旦學生被迫參加小組活動，社工的首要工作就是要建立信任的關係，進而調節小組的介入方向，並且要處理學生與環境之間的互動情況，以有效滿足他們的需要。這時候，社工必須察覺自己正是處於縫隙間提供小組工作，也是介入於服務對象與環境之間，從而發揮調和功能（mediation function）（Schwartz, 1976）。如果社工沒有這種醒覺，就會進入社會控制的角色，對服務對象造成抑制和欺壓，這是必須防範的。

雖然這套叢書是以小組工作為定位，但我們相信個人、小組和社區的介入手法，是無分彼此，優次同等，並應該靈活結合的。無論選用不同層次的介入手法，或在小組中選用甚麼理論、手法或活動，對應服務對象的需要都是極之重要的考慮。

社會工作的終極目標是為人謀求福祉（well-being），我們認為家庭、社區和社會的問題都不是單一的原因所造成，因此需要運用多項應變思維（Multiple Contingencies Thinking）

（曾家達、游達裕，2011）去審察，否則如果只是使用線性類別思維（linear categorical thinking）去處理單一和表面的問題，就只會是頭痛醫頭，腳痛醫腳。

社會工作知識的一大特點，是由服務對象的需要作基礎和焦點，再結合多方面的專業知識，這是跨學科的，不單只應用心理學、社會學，還包括歷史、人類學、文學等，以及運用藝術、舞蹈、音樂、錄像、文字等媒介，從而達到介入的目的。這些工作手法、知識，不是社工專業所獨享，服務對象也擁有這些知識和智慧，他們在參與的過程中會發出自己的聲音，而社會工作的一項重要功用，就是提供空間讓服務對象發聲。

## 實證為本的小組工作實踐的反思

近年，坊間出版了很多小組治療手冊，很多人都有一份迷思，認為要對這些手冊保持忠誠，完全跟從當中的程序才是最專業、最恰當的。而輔導成效的研究發現，社工自身的能力和態度，包括對服務對象的關懷和熱誠、純熟掌握有關技巧、社工本身的成長和修養等，比治療手法更有影響力，更能引發當事人的正面轉變（Wampold, 2001）。

我們的叢書雖然提及很多不同的手法和活動，但更加鼓勵大家不要盲目跟從，更應留意組員的需要和小組發展。這叢書所提供的小組程序和介入手法固然有參考作用，但在適當時候要放下手冊，對應處境，關注當下情況，留意小組的互動、組員及自己的情緒反應。

我們在設計小組時，總會針對某些服務對象，從研究、文獻回顧、整合過往的經驗等方式進行需要評估，從而構思概念框架、目標和手法。這個過程是為我們設下一些假設，但更需要以事前的聚焦小組或組前面談，作更深入的需要評估，從而檢查這些假設是否正確，才不會強迫服務對象去迎合我們的介入框架。例如我們曾開展一個病態賭博 / 賭博者小組，回顧文獻時發現認知行為治療的手法對他們較為有效，但組前面談卻發現他們已接受多次認知行為治療的介入，但成效不彰，此時我們就要重新調整小組的手法，如使用完形治療（Gestalt Therapy）及正念（Mindfulness）訓練。

## 叢書出版與本土化的實戰智慧

後現代主義者福柯（Michel Foucault）提出「權力就是知識」，權力往往就是用知識來呈現，甚至專業知識是一個階級和等次的安排。如何分辨甚麼是知識時，我們深信小組工作的知識不只是西方的理論，更不只是掌握在學院手上。相反，前線同工與服務對象的接觸之中，其實是充滿了實務知識。戰後，香港開始引入西方理論於社會工作發展上，自 1970 年代至今已有三、四十年。香港是一個彈丸之地，很多社工已經累積了豐富的實務經驗，彼此交流和分享的速度亦很快，這段期間我們已發展了具本土化的社會工作，例如外展工作就是香港很有本土特色的實務工作。我們在接受外國理論之餘，無需妄自菲薄，可主動向外地交流我們的經驗。在廿一世紀，社會工作的知識生產基地不只在西方、在學院，前線同工的實務經驗也是重要的知識來源，中國亦會累積和生產很多寶貴的實務知識。

實務研究的概念很廣闊，我們不排除使用一些量表進行研究，但單靠量表所取得的研究結果，對實務工作幫助不大。其實，前線同工在帶領小組和活動後，認真地回顧和檢討自己工作的成效、是否對應服務對象的需要、過程應如何改善，並檢視箇中的邏輯等，這已經是很寶貴的研究過程，對實務工作有很大的貢獻。日後，學院的研究應該要結合前線社工實踐的經驗。舉一個較極端的例子，有一些學院的研究，竟要求參與幾節小組的組員填寫超過十多頁的問卷，以滿足研究的需要，這是否有點矯枉過正呢？對實務又有多少貢獻？這都值得我們深思。

展望將來，北望神州，社會工作在人口眾多的中國不斷發展，小組工作與個人或家庭輔導相比，無論是成本效益和可服務對象的數量上，都是更加適合。相信在不久的將來，經過同工的一同努力，我們定必可以發展一個具有東方和本地特色的社會工作小組模式。

這叢書編訂的團隊來自前線社工和學院老師，這是有機的結合，我們一同思考、發展、累積和創造知識，希望有系統地組織、反思和總結這些實務經驗，成為小組工作的指引，從而鼓勵一個本土化的社會工作小組實踐。

我們期望出版這套叢書可以鼓勵創新及以實踐為本的社會工作小組，從而推廣小組工作的發展。我們不以西方的模式和理論為唯一的標準，同時亦重視當下本地華人社會的需要，並結合本地研究作實踐的方向。

*梁玉麒（香港中文大學社會工作學系專業應用副教授）*
*游達裕（資深社工、社會工作教育者）*
*黃幹知（青少年服務前線社工）*

2011 年夏

## *參考資料*

Papell, C., & Rothman, B. (1966). Social group work models: Possession and heritage. *Journal of Education for Social Work, 6* (2), 66-77.

Schwartz, W. (1959). Group work and the social scene. In T. Berman-Rossi (Ed.), *Social Work: The collected writings of William Schwartz* (pp. 202-220). Itasca, Ill: Peacock Publishers.

Schwartz, W. (1976). Between client and system: The mediating function. In R. W. Roberts & H. Northen (Eds.), *Theories of social work with groups* (pp. 171-197). New York: Columbia University Press.

Wampold, E. B. (2001). *The great psychotherapy debate: Models, methods and findings.* Mahwah, NJ: Lawrence Erlbaum Associates, Inc.

曾家達、游達裕（2011）。〈知行易徑：從理論到實務〉。載於曾家達、游達裕編，《知行易徑：基礎與應用》。香港：策馬文創。

羅國權（2011）。〈社會工作小組之我見〉。載於梁玉麒、游達裕、區結蓮、張敏思編，《千帆並舉：社會工作小組新貌》。香港：策馬文創。

# 本書使用說明

《玩樂手築》的遊戲，主要參考積木治療、六色積木及玩具箱的概念，轉化及創作一些不同目標的「體驗」活動。同時，參考樂高認真玩（LSP）的概念，演化一些「反思」手法，以回應不同的主題。

概念篇中，筆者會說明不同理論取向、程序設計及物資管理，以及關鍵事件的介入技巧等，這些都是運用積木介入小組的重要技藝和心法。應用篇中，筆者會展示如何把書中不同的程序活動串連及回應主題。實踐篇中，詳細介紹了 40 個積木遊戲的帶領步驟和引導反思心得。每一個活動順序列出以下項目：

## 執行須知

人數：顯示多少人參與遊戲最理想，人數較多時宜再分組進行

物資：遊戲所需的物資，LEGO® 零件稱為「細積木」、DUPLO® 零件稱為「大積木」

需時：按過往經驗推算需時多少，包括講解、帶領及解說的時間，並視乎組員的節奏

場地：如何準備場地及相關設施

參考：部份遊戲啟發自其他書籍，特別加註鳴謝

## 講解技巧

- 讀者可按講解步驟說明活動進行方式，包括玩法和規則。

## 帶領 / 介入技巧

- 分享筆者過往引導小組過程中的經驗和心得。

## 解說技巧：主題與提問

- 遊戲可帶出的訊息及對小組的功能，只要稍為調節規則，可轉變主題；
- 羅列解說時誘導問題的例子，讀者宜因應小組情況及主題等靈活調節。

## 程序變化

- 稍稍調節規則及其他設定，增減難度，分拆結合，為遊戲帶來新元素。

## 字詞定義

由於本書涉及小組工作及帶領遊戲的理論和技巧，往往涉及一些專業名詞，我們已務求一針見血並簡而精地把有關的概念表達。以下為部份用詞的統一解釋：

「**組員**」指小組或大型活動中參與遊戲程序的人

「**工作員**」指負責帶領活動的人，等於「主持」、「小組導師」、「組長」

「**積木**」指 LEGO® 的膠磚和零件

「**搭建**」指組員用手拼砌、構築模型的過程

「**活動**」、「**遊戲**」、「**練習**」、「**任務**」、「**程序**」，都是指結構活動（structured activities）

## Facebook 專頁

我們會定期於 Facebook 專頁更新帶領技巧的專題文章、帶遊戲示範片段、遊戲物資樣版、買物資好去處等，亦歡迎大家把回應和心得在網上延續討論。

社會工作小組叢書 (Social Work Group) 

facebook.com/socialworkgroup

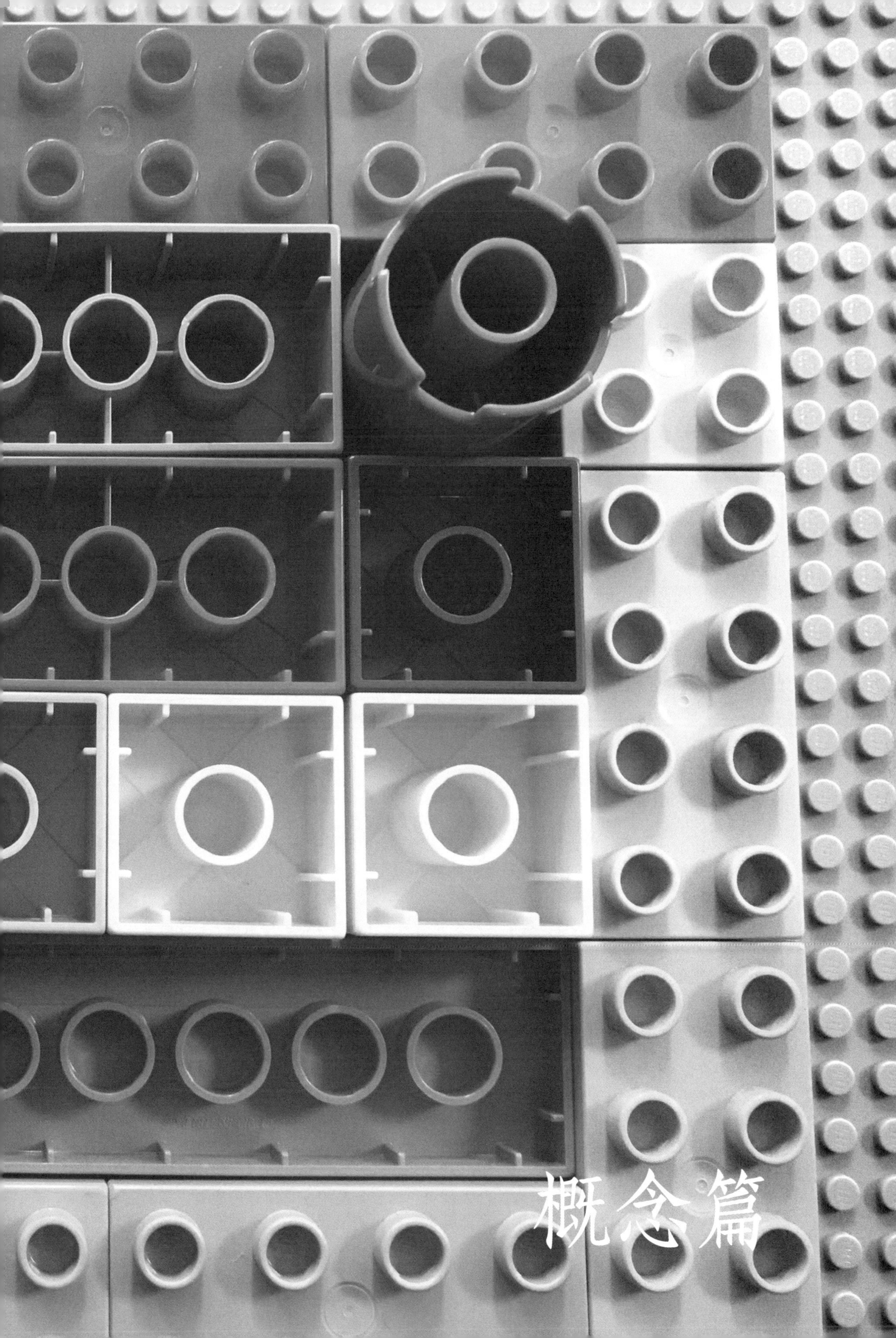
概念篇

# L1 以LEGO®積木作小組介入的理論取向

黃幹知、張栢寧

本章嘗試從小組工作者的介入取向和角度，討論並整合以不同的 LEGO®（本冊稱「積木」）作為介入的手法，來說明本冊活動的介入主題，分別如下：

1. 輔導及治療取向（Counselling/Therapeutic）：重視組員個人自我認識及人際關係的改變；
2. 發展及教育取向（Developmental/Educational）：裝備組員在不同成長階段的生活技能；
3. 引導取向（Facilitation）：引用和分享組員的先備知識、看法，讓他們在經驗中反思。

## L1.1 輔導及治療取向：積木治療

積木治療（LEGO®-based Therapy，簡稱 LBT）出現於 1990 年代中，並在英國、美加、澳紐等地區廣泛應用，目的是讓自閉症譜系的孩子發展社交技巧。由於這類孩子對 LEGO® 積木深感興趣，所以一起玩砌積木時會自然地互相對話。他們可選擇自己喜歡的主題，而且遊玩過程中又有滿足感，會較投入參與。組員可以兩至三人為一組，並分配互相依存的角色來協作搭建模型；工作員則從旁觀察他們之間的互動，包括：合作、共識、分工、共享、跟從、言語及非言語溝通、眼神接觸、求助等經驗，然後引導他們適當地回應，從而建立他們的社交技巧，同時訓練他們的大小肌肉協調及自我管理技巧（Gomez De La Cuesta & LeGoff, 2014）。

Ralph & Rochester（2016）善用積木治療去為有特別需要的學童建立社交語言、喚起共同關注的事項，以及協助他們理解挑戰性的概念。香港耀能協會（2015）的言語治療師把心智解說理論（Theory of Mind）融入積木治療之中，並且將它調適至自閉症幼兒的服務。治療師發現這項服務用於幼兒躍進期的發展階段，可以使他們在自然的情境中提升運用語言的能力，以達到不同的溝通功能、展示社交互動行為、減少出現不恰當行為等。

一般的積木治療由組員等候進入房間時已經開始，工作員會讓他們學習與人打招呼。小組正式開始時，會先讓組員簡單分享近況，學習與人連結。隨後，工作員會引導組員規劃今日將搭建甚麼模型及分工。組員要與一位或多位朋輩協作，搭建指定的模型（collaborative set building）。經驗較淺的組員擔當供應商（parts supplier），找出相對應的積木零件；較具經驗的組員擔當建築師（builder），負責用言語描述所需零件，並按指示把不同的零件拼合。繼而進入自由創建階段（freestyle building），除了供應商和建築師外，還新增一位工程師（engineer），負責構思建設藍圖和按所需的零件給予指令。過程中，工作員會觀察他們的互動及引導大家回應（Gomez De La Cuesta & LeGoff, 2014）。香港耀能協會（2015）在帶領小組時更會用「負責創造」、「負責俾」及「負責砌」的名牌來讓組員更易理解自己的角色，並以「句式字條」作視覺提示來協助幼童表達，他們所出版的《童砌積木學社交》手冊便詳細羅列了多個幼童的行為，以及介紹如何作出引導。

除了用於小組外，積木治療也可用作個人輔導，而且多數用在小組之前或後，前者主要是裝備他們搭建積木的技術，後者則用來回顧當時的互動情況，重演不同的事件（如解難、衝突），代入各位組員的感受，並練習溝通的策略（包括聆聽、展現同理心、果敢表達等）（Gomez De La Cuesta & LeGoff, 2014）。

積木治療主要集中在人際溝通的層面作介入，而本冊中部份溝通遊戲（例如：**Lb07. 你講我砌**），也融入了積木治療的社交技巧訓練元素。

另一位學者 Thomsen（2018）提出的治療性搭建（Thera-build® with LEGO®）則針對曾遇過抽離（withdrawn）、焦慮、憤怒、自傷 / 傷人、欺凌、長期病患、家暴、父母離異或遺棄、喪親等創傷（trauma）的 5-13 歲孩子作介入。工作員和孩子建立真誠和接納的信任關係，營造出一個安全的空間，孩子便可放心地嘗試不同的方案，而他們的想法也得到聆聽，漸次安心地呈現自己的情緒。此外，孩子通過成功的搭建經驗，找出更有效的自我調節方法，取代解離（dissociation）、攻擊性、倒退或麻木的防衛機制行為，從而學習社交技巧及提升自信。

腦神經科學（Neuroscience）的研究認為，大腦分為左右兩部份，各有不同的功能。遊玩（play），可以促進神經的連接（Siegel & Payne Bryson, 2012），如搭建積木需要運用想像力，能啟發創意及抽象思維；有序地拼砌積木，能提升解難能力，兩者都可讓處理邏輯的左腦和處理情感的右腦間傳送和互通訊息。搭建積木的經驗更可激發左右腦的能量，令孩子啟動自控和抗逆力的潛能，提升自信（Thomsen, 2018）。

搭建積木的過程中，工作員不單會留意孩子行為所代表的依附關係風格（attachment style）及其反映的自我形象（Bowlby, 1988），還要和組員建立信任關係。而工作員所採用的手法，除了人本輔導的接納、真誠、同理心外，還包括同步、幽默、投入、信任、反映及適當的身體接觸，以建構一個愉悅的搭建積木經驗。此外，工作員要以正面和有建設性的對話，探索組員心底的一些事件和經歷，並協助他們處理情緒、想法和行為，以準備在生活中應對不同的情況（Thomsen, 2018）。

治療性搭建鼓勵工作員探索組員在拼接積木時的想法、感受和行為是否處於惡性循環，從中找出一些非理性信念（irrational beliefs）或思維陷阱（automatic thoughts），以幫助他們減輕力壓力，提升覺察、自我控制和自尊感等。而本冊中運用「Duplo® 積木：My First Emotions」進行的 **Lc04. 我的情緒**，是一個很好的例子，讓組員能覺察不同事件所帶來的情緒和感受；這也是促進個人成長層面的介入。

一項成效研究指出，在遊戲中運用積木有助發展孩子的手指、肌肉與視覺的協調，以及接收指令再去想像，從中用新的詞語建構句了，以強化表達能力（Tabatabai, 2008）。此外，積木代表著不同的意義，能使幼童在安全及平和的情況下表達焦慮、恐懼、內疚等情緒，吸取與人分享的經驗，了解他人的想法，明白有關感受的語言，學習如何適應環境，這些都有助減少幼童的行為問題。

## L1.2 發展及教育取向：六色積木及玩具箱

這個是由樂高基金會的伙伴組織 Care for Education 發展出來的教育手法。組織會捐助一些 LEGO® 積木玩具箱（LEGO®/ DUPLO® Playbox）給有需要的地方，以支援他們於幼童及小學教育上推廣在遊戲中學習。其中，六色積木（Six Bricks）是以六塊不同顏色的 DUPLO® 基本磚來進行的簡單活動，讓孩子在遊戲中達到全人發展，終身學習（Care for Education, 2016a; 2016b; n.d.），包括以下幾方面：

1. **認知：**可以讓孩子主動建構現實世界所見的一切，以知覺在腦中建構知識。此外，也可讓孩子理解空間的關係，並作出抉擇、觀察、點算、分類（按形狀、尺寸、功能及特性）、估計及運算，以便專注地記著任務，創新及彈性地思考和解難，並設定目標及規劃。

2. **創意：**以想像力去構思、提問、連結、測試和冒險，從表達中把意念轉化到現實生活，以符號來表達，發揮創意。

3. **情緒：**積木可信及可掌控的特性，有助建立孩子的安全感。在活動中設定目標，能讓孩子學會面對成功和挫敗，理解自己的限制，建立自信、自我控制及自省的能力。

4. **社交技巧：**通過一起協作，結交朋友，練習輪流參與、商量規則、共享知識去解難、從他人身上學習、分工及溝通。孩子也會自然地扮演不同的角色，從而換位思考，建立同理心。

5. **體能及肌肉協調：**拼砌積木可促進小肌肉（如手指）的發展和手眼協調，促進左右腦之間的發展去指揮全身。主動參與的動態活動，能協助孩子建立空間感，並強化其大肌肉。

南非政府更把 LEGO® 積木的元素融入當地的教育體系中，如：

- 語文學習：給予指示、解釋、説故事等；
- 數理學習：學習數字、邏輯、統計圖；
- 社會 / 科學：學習地圖、國旗、力學原理，中學階段以組合機械零件來學習 STEM；
- 生活技能：建築磚牆、推廣交通安全、面對野外動物。

## L1.3 引導取向：樂高認真玩

樂高認真玩（LEGO® Serious Play®，簡稱 LSP），是 LEGO® 公司於 2001 年發展出來的會議手法，用作思考市場定位。這是一個運用積木作為溝通、表達和解難的媒介，也是一個充滿豐富內容的手法，讓小組分享意見、建立假設及獲得理解，從而以對話找出有意義的方法去解決現實生活中的問題（LEGO® Serious Play®, 2010）。Kristiansen & Rasmussen（2014）進一步增潤這個説法，LSP 讓人用積木搭建模型作比喻的過程，包括幾個核心元素：

1. 小組互動的準則；
2. 有系統地應用積木，創造有形的立體模型去表達想法；
3. 有系統地應用當中的核心過程（core process）及技術。

Harn（2019）指出 LSP 是一個目標明確、寓工作於玩樂（play and work）的過程。Blair & Rillo（2016）則認為 LSP 是：

✓有系統的方法（method）：協助人用積木來發掘意念和解決難題；

✓結構化的過程：讓參加者經歷一系列的思考過程，促進對某個議題的共同理解；

✓溝通工具：確保組員可以用視覺、聽覺和觸覺來促進表達、深度的聆聽及記憶；

✓由認證引導師提供服務，讓個人或團隊達到目標；

✓框架和哲學：建構一個民主、共融、有趣的參與式領導手法。每人分享的時間更平均，既可成就更民主的會議，也能消除組員間的權力不均，做到對事不對人，方便帶領一群聰明及有自己想法的隊員去應對更複雜的難關；

✓生產線：在 2001 年作為協助 LEGO® 公司思考營商及市場定位的一個策略；

✓開會的工具：由一小時到五天，小組到大組都可應用。

LSP 並非用作（LEGO® Serious Play®, 2010）：

✗開始會議時的熱身；

✗建立組織結構圖或規劃建築空間的工作；

✗管理人員傳遞特定訊息給下屬；

✗組員把自己的觀點去説服他人。

LSP 的致變機制（changing mechanism）是建基於以下的理論：

### *1.3.1 建構主義及構成主義*

成人習慣用腦袋和語言思考，而 Piaget（1970）的建構主義（contructivism）則認為，兒童在成長過程中經歷四個階段，他們會把自己在現實世界的經驗作為資源並賦予意義，以建立自己的知識系統（Peabody & Noyes, 2017），故此建構實物和知識是同步發生及互相增長的（Frick, Tardini, & Cantoin, 2013）。幼童認知發展階段處於感覺動作期（sensorimotor），他們會憑藉感官器官的刺激，直接探索外間事物以獲取知識。和建構積木一樣，動手實作的過程，是會把潛藏在視覺和觸覺的知識發掘出來。

建基於這個假設，LSP 相信所有答案都在房間中（LEGO® Serious Play®, 2010）。在 LSP 的搭建階段中，可以把組員的先備（prior）和隱性（tacit）知識轉化為顯性（explicit）知識，在聆聽別人故事的過程中，朋輩可以互相交流（Montesa-Andrés, Garrigós-Simón, & Narangajavana, 2014）。在共享模型的過程中，大家可透過差異來互相學習。

Papert（1980）受 Piaget 的啟發，發展出構成主義（constructionism）。不論甚麼年紀的人都能從「動手做」、「用手指思考」的過程中學習。這在 LSP 中，是以兩種形式不斷互相重複和增強（陳嘉彌、蘇慧娟、張境桓，2016）：

1. 當人在現實中建造模型時，他也同時在腦中建構理論及知識；

2. 當腦中出現新知識後，會促使人們進一步構建現實中更複雜的工作。

因此 LSP 強調「具體思考」，經由具體操作、觀察、體驗實物中所產生的思考，令知識更視覺化、更可操作易懂，用以彌補「抽象思考」和「正式思考」的不足。

這也帶出「手腦合一」（hand-mind connection）的概念：手並非只是受腦袋指揮去執行動作，動手實作也可創作一個新的思考方式（Frick, Tardini, & Cantoin, 2013）。

因此，在 LSP 的過程中，當組員感到困惑時，鼓勵他們「相信自己的手！」、「開始動手做就對了！」。LSP 透過在活動中的即時（real-time）動作、遊戲、策略等反應，來建立認同、產生共識、找到策略、付諸行動。LSP 也會採用「提問」方式，讓參與者不斷地在「動手做」（玩）的過程中做即時思考、即時回答、即時動作來學習（陳嘉彌、蘇慧娟、張境桓，2016）。

### *1.3.2 外化及敘事（Narrative）*

搭建模型有助組員把想法和感受外化（externalization），從一個外在角度去回望這些經驗，令分享時能保持距離。當組員感到自己並非問題的一部份以及身不由己時，分享者也感到其他人不是在挑戰自己，就會有更大力量推動自己採取行動去改變（LEGO® Serious Play®, 2010）。說故事有助人生產、再生產、轉化和解構個人的價值觀和信念，並帶來改變。比喻正可作為說故事的方式，觸動別人的情感去領會新的想法（Frick, Tardini, & Cantoin, 2013）。

LSP 能有助組員表達他們的思考、意識、情緒及意義，並展現人與外界的關係，而之後的敘述故事過程更有助他們把意念分享給他人（Hayes, 2016），通過提問讓更多人一同參與（LEGO® Serious Play®, 2010）。

搭建模型能為對話和反思定錨（anchor）。如果討論開始離題，這個模型有助組員更易重回主題。通過隱喻性強的積木（如動物），喚醒組員投入的情緒，做到搭建時不受干擾、分享時從中抽離，從而提升他們的專注力。

此外，LSP 提供足夠的時間讓人安靜下來去搭建模型，深入處理當中的意義，生成自己的答案，並以隱喻和故事來觸動情感，把意念卸載（offload）於一個可見的物件上，有助建立長期記憶（Kristiansen & Rasmussen, 2014）。同時，「外化」也是把人內在的隱性知識變成顯性知識的一個重要過程。

### *1.3.3 想像力*

人是通過想像力（imagination）產生影像，來描述複雜多變的世界，尋找新的可能（Frick, Tardini, & Cantoin, 2013）。「想像力」是創意的來源，帶來學習動機。LSP 喚醒人既有的想像力。在 LSP 中，參與者的「想像力」至少有三個層次（Kristiansen & Rasmussen, 2014；陳嘉彌、蘇慧娟、張境桓，2016）：

1. **描述想像（descriptive imagination）**：讓組員描述眼前看到甚麼、如何賦予意義、何處找到新的可能；
2. **創造想像（creative imagination）**：這是 LSP 的核心，一個人或組織為目標設定方向以及希望改變的願景；
3. **挑戰想像（challenging imagination）**：衍生出否定、矛盾的挑戰，顛覆原有規則，清除舊東西（包括思想及事物）。解構現況後，產生創新的成果。

上述三個層次互動時，就會產生「策略想像」（strategic imagination）。在 LSP 中，組員可從小組的交流互動中建構新知識，然後由新知識中浮現出分享的意義，最後經認同轉化後產生出理解的新知識（陳嘉彌、蘇慧娟、張境桓，2016）。因此，LSP 重視探索多於回憶，希望以模型的比喻擴闊人的想像空間（Dann, 2018）。

### *1.3.4 LSP 的應用範圍*

LSP 在商業領域、顧問、高等教育、研究及生命教練等處境皆可應用（Kristiansen & Rasmussen, 2014），創建時主要集中在組織發展的層面（LEGO® Serious Play®, 2010），包括：

- 團隊建立：讓不太熟識的隊友更深入了解他人的想法；
- 解決困難：彙集最佳的方法去應對共同的問題；
- 發展策略：所有人都有機會分享目標，檢驗及評鑑和不同持分者的關係，打入市場或建立品牌形象；
- 創意發想：發展產品，把想法轉化成具體的概念，放諸不同情景作測試；
- 管理改變：促進及實施部門合併或結構改變，並提升營運效率；
- 共享願景：作為提升各人分享願景的工具，更清晰地勾畫想達到的圖像（Grienitz, Schmidt, Kristiansen, & Schulte, 2013）。

Blair & Rillo（2016）更以 Johari's Window 的概念放入 LSP 當中，讓人對自己在團隊中有更多覺察。通過營造信任的氣氛，鼓勵組員開放自己作表露（self-disclosure），讓其他成員互相理解，增強團隊的關係，以及擴展「公開區」。

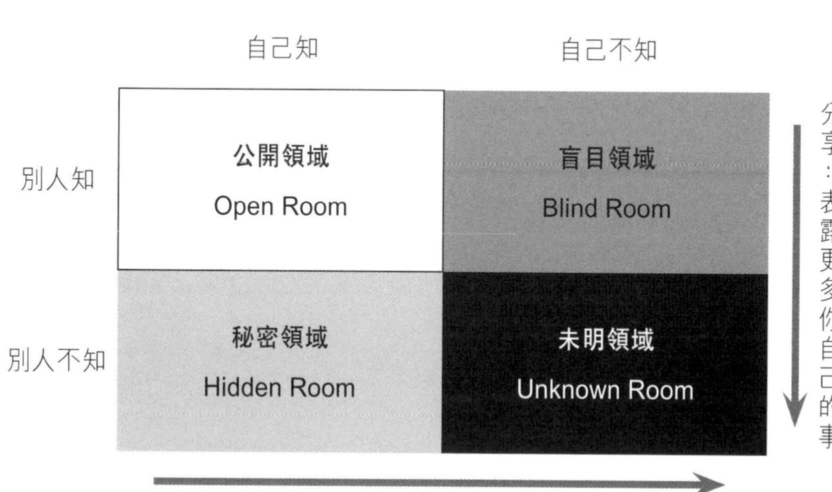


參考及改篇自 Blair & Rillo（2016）, p. 133。

在人際溝通的層面，LSP 有助促進小組的凝聚力，讓不同學習風格的人都可以發聲，分享當中的情緒及深層意義，從而共建一個共融的學習環境（Peabody & Noyes, 2017）。同時，也有研究指出 LSP 有助護理人員建立同理心、易地而處的感受、發散性思考及人本關懷（Hayes, 2016）。

在個人成長的層面，有研究指出 LSP 能為兒時受家暴的成人找出自己的能力、重建與其他人的關係（Harn, 2017），以及於生涯規劃的工作坊中能有正面的情緒和灌注希望（Harn, 2019）。LSP 也可讓幼兒透過大量溝通活動有效地學習和成長，從「動手做」及「說故事」的策略中發展出「締結關係→有意義的遊戲→討論及表達→持續活動」（陳嘉彌、蘇慧娟、張境桓，2016）。

## L1.4 各個理論取向所處理的不同層面的介入主題

綜合不同文獻，上文列出的各個手法中，可處理的小組介入主題如下表：

| | **個人成長** | **人際溝通** | **組織及社會** |
|---|---|---|---|
| **積木治療** | 自我 / 情緒管理<br>認知行為治療 | 依附關係<br>溝通技巧 | |
| **六色積木及玩具箱** | 情緒技巧<br>體能及肌肉技巧<br>認知技巧 | 社交技巧 | 想像力及創意<br>合作<br>反思 |
| **樂高認真玩** | 生涯規劃<br>自我認識（長處）<br>價值觀與行為 | 換位思考<br>同感共情 | 團隊建立<br>解難策略<br>共享願景<br>創意思維<br>組織改變 / 發展 |

Dewey 指出體驗 + 反思 = 學習。本冊的活動，會參考積木治療、六色積木及玩具箱的概念，轉化及創作一些不同目標的「體驗」活動。同時，也會參考 LSP 的概念，演化一些「反思」手法，以回應不同的主題。

| | |
|---|---|
| 講解技巧（Briefing） | } 以 LEGO® 作為「體驗」 |
| 帶領介入（Leading） | |
| 反思解說（Debriefing） | } 以 LEGO® 作為「反思」 |

\+ = 「學習」

## 參考資料

Blair, S., & Rillo, M. (2016). *Serious work: How to facilitate meetings & workshops using the LEGO® Serious Play® method.* UK: ProMeet.

Bowlby, J. (1988). *A secure base: Clinical applications of attachment theory*. London: Routledge.

Care for Education (2016a). *Activity booklet for LEGO® DUPLO® play box*. Denmark: The LEGO Foundation.

Care for Education (2016b). *Activity booklet for LEGO® play box*. Denmark: The LEGO Foundation.

Care for Education (n.d.). *Six bricks booklet*. Denmark: The LEGO Foundation.

Dann, S. (2018). Facilitating co-creation experience in the classroom with Lego Serious Play. *Australasian Marketing Journal (AMJ), 26*(2), 121-131.

Frick, E., Tardini, S., & Cantoin, L. (2013). *White paper on LEGO SERIOUS PLAY: A state of the art of its application in Europe*. Switzerland: S-Play.eu.

Gomez De La Cuesta, G., & LeGoff, D. (2014). *LEGO-based therapy: How to build social competence through LEGO-based clubs for children with autism and related conditions*. London: Jessica Kingsley Publishers.

Grienitz, V., Schmidt, A., Kristiansen, P., & Schulte, H. (2013). Vision statement development with LEGO® SERIOUS PLAY®. *IIE Annual Conference. Proceedings*, 791-798.

Harn, P. (2017). A preliminary study of the empowerment effects of strength-based LEGO® SERIOUS PLAY® on two Taiwanese adult survivors by earlier domestic violence. *Psychological Studies*, *62*(2), 142-151.

Harn, P. (2019). A preliminary study on the effects of strength-based career workshop with LEGO® SERIOUS PLAY® in Taiwan. *Psychological Studies*, *64*(1), 30-40.

Hayes, C. (2016). Building care and compassion—introducing Lego Serious Play to HCA education. *British Journal of Healthcare Assistants, 10*(3), 127-133.

Kristiansen, P., & Rasmussen, R. (2014). *Building a better business using the Lego Serious Play method*. New Jersey: Wiley.

LEGO® Serious Play® (2010). *Open source introduction to LEGO® SERIOUS PLAY®*. LEGO® Group.

Montesa-Andrés, J. O., Garrigós-Simón, F. J., & Narangajavana, Y. (2014). A proposal for using Lego Serious Play in education. In M. Peris-Ortiz, F. J. Garrigós-Simón, & I. Gil Pechuán et al. (Eds.), *Innovation and teaching technologies: New directions in research, practice and policy.* Cham: Springer International Publishing.

Papert, S. (1980). *Mindstorms: Children, computers and powerful ideas*. New York: Basic books.

Peabody, M. A., & Noyes, S. (2017). Reflective boot camp: adapting LEGO® SERIOUS PLAY® in higher education. *Reflective Practice*, *18*(2), 232-243.

Piaget, J. (1970). *Science of education and the psychology of the child*. New York: Viking.

Rahnama, F., Hamedi, M., Sahraei, F. & Parto, E. (2014). *Effectiveness of play therapy (lego therapy) on behavior problems in children. Indian Journal of Health and Wellbeing*, 5(9), 1084-1086.

Ralph, D., & Rochester, J. (2016). *Building language using Lego® bricks: A practical guide*. London : Jessica Kingsley Publishers.

Siegel, D., & Payne Bryson, T. (2012). *The whole-brain child: 12 revolutionary strategies to nurture your child's developing mind*. New York: Bantam Books.

Tabatabai, N. M. (2008). *Toys and medical education*. Printing: Tehran.

Thomsen, A. (2018). *Thera-build with LEGO: A playful therapeutic approach for promoting emotional well-being in children*. London: Jessica Kingsley Publishers.

陳嘉彌、蘇慧娟、張境桓（2016）。〈「樂高認真玩」策略促進幼兒學習之啟示〉。《育達科大學報》，43，63-86。

曹慧筠、葉敏鈴、韓忻嘉俐、廖鄧淑芬（2015）。《童砌積木學社交》。香港：香港耀能協會。

# L2 程序設計及物資管理

黃幹知、張栢寧

## L2.1 程序設計

### *2.1.1 為何運用 LEGO® 積木？*

綜合不同文獻，LEGO® 積木具有以下特性（LEGO® Serious Play®, 2010；Thomsen, 2018；陳嘉彌、蘇慧娟、張境桓，2016），適合各類型小組，因此建議工作員在選擇及設計活動時，可考慮相關情況來配合運用：

- 色彩豐富：具不同形狀及尺寸的立體積木（四方體、輪、柱、建築零件、動植物或人等），但膠磚形狀不變；
- 自由拼拆：膠磚其中一面成溝狀，另一面有許多個圓柱狀的突出物，易於結合，可隨時分拆；
- 容易掌控：分為 LEGO® 積木和較大粒的 DUPLO® 積木，兩者皆可拼接，不同年紀的人都易於用手掌控，具感官刺激；
- 耐用：積木的高質量塑膠和其他仿冒產品不同，跌在地上也不易毀爛；
- 技術門檻低：一般小朋友都很熟悉的玩具，即使沒有玩過，都易於上手，能搭建簡單或複雜而有意義的模型。

和繪畫、陶泥等手法不同，積木可說是有一定的規範，組員有大量的磚塊選擇，不會完全由零開始，但又有空間自由創作，搭建後感到不滿意，可隨時拆卸或改動，以傳遞個人所想表達的訊息。

### *2.1.2 自創積木活動的 SAR 原則*

Care for Education（2016a; 2016b; n.d.）非常鼓勵工作員自創積木的活動，他們出版了幾本活動冊，旨在拋磚引玉。筆者認為新手同工可以先由自己熟習的遊戲開始，但必須考慮在活動中，能否用其他物資取代？如果真的要用積木，可如何發揮上文提及的特性？筆者參考 Puentedura（2010）考慮新技術和傳統介入法結合時須考慮的 SAMR 模式，並把它簡化為 SAR 三個方向：

- Substitution（替代）：此遊戲可輕易用其他物資取代積木，遊戲規則不變；
- Augmentation（擴增提升）：用積木取代其他物資，但考慮到其特性而令遊戲規則有些微調整，帶來不同的效果；
- Redesign（重新設計）：用積木創造了獨特的新遊戲，不能輕易用其他物資來帶領。

如果你的活動屬於「替代」，請認真考慮是否真的要用積木進行，甚至不用積木會否有壞處。本冊末頁附表羅列出各個遊戲屬於 SAR 的哪個原則。

### *2.1.3 程序設計的考慮*

**1. 對象（Whom?）**

評估對象的年紀（age）所代表的經驗和認知程度、身體（body）及處境（context）、小組動力（dynamics）、期望（expectation）等因素來決定選用本冊中的活動。就兒童而言，Thomsen（2018）建議因應組員年紀所掌握的技巧來選取合宜的活動：

- 2-3 歲：把兩塊積木拼接及拆卸；
- 3-4 歲：能把不同底板拼合成道路、簡單的車輛、橋樑；
- 4-5 歲：搭建簡單的屋、公園、對稱結構，並為模型命名；
- 5 歲以上：規劃搭建的內容，用積木建模來代表真實情景，並與他人合作搭建。

**2. 目標（Why?）**

因應上述的評估，為每節活動定下一至兩個目標，例如：對兒童而言，可能是學習某方面的技能；對成人而言，可能是學習自我認識；對組織而言，可能是定下某些願景或目標。詳情可參考本冊第一章的主題。

**3. 時間（When?）**

活動程序的時間分配，預留足夠的時間讓組員構思、搭建及分享。另外，也要預留時間給組員收拾積木。在自由搭建完結前的 5-10 分鐘，宜及早提醒組員，並一同拆件及把積木放回原位。

**4. 場地（Where?）**

- 房間和環境是否令組員感到安全？
- 如何把活動與所在的中心或學校設施結合？
- 有否足夠的移動空間？
- 有沒有桌椅令人更舒適地搭建模型？

**5. 物資（How much?）**

- 因應對象的年紀和人數來決定用 LEGO® 或 DUPLO® 的積木，例如組員為兒童或長者，工作員宜選用 DUPLO®；
- 建議把同一組合積木（如 Window Exploration Kit）的活動串連在一起，減省整理積木的時間；
- 參考 L2.2 的內容，有系統地管理物資。

### *2.1.4「心流」概念對選擇及編排程序的啟示*

Csíkszentmihályi（1996）提出「心流」（flow）的概念，指出人用自己的技能（包括技巧或資源）去應對和克服具挑戰性的任務時，情感上會非常享受和投入，也是學習的最佳時機

(optimum stretch)，很容易進入忘我的狀態。若以歷奇為本輔導的說法，這就是高峰經驗(peak experience)。

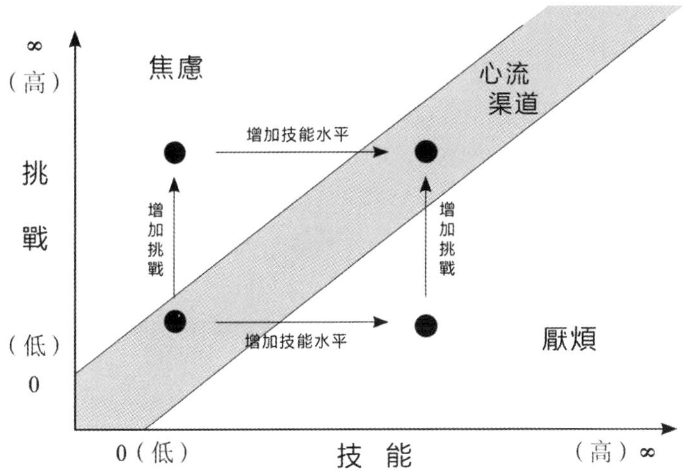


圖片來源：https://4think.net/ 最優體驗心理學 - 心流 /。

假如組員的技能遠勝挑戰的難度，他們就會感到厭煩或沉悶；相反，挑戰的難度遠超過組員的技能，他們就可能會感到焦慮，例如：記憶力下降、難以掌控。以上兩個情況都會影響學習的效果。

Kristiansen & Rasmussen（2014）指出在工作坊上，經常都會出現以上的情況。有些人會感到「厭煩」，認為 LEGO® 積木是小孩的玩具，參與這樣的活動實在浪費時間，甚至擔心被人取笑，對他們來說最需要的是增加挑戰性。有些人在開始時會感到「焦慮」，因為從未接觸過積木，怕自己做不來，或自問沒有創意去完成，對他們來說最需要的是增加技能水平。在這兩種情況下，可能會出現一些同工在帶領活動中常見的畫面，就是組員不願意參與。

在選擇活動程序時，工作員須照顧學習差異，並評估組員的能力，從而提供合宜的挑戰。編排活動時宜循序漸進，由簡單及組員熟悉的活動開始，再慢慢增加難度。如有需要，可參考本冊活動的建議來修改活動。活動宜設成低門檻，確保令每個人都成功，同時要有高要求，讓人感到有挑戰性（Care for Education, 2016a; 2016b）。在帶領時，工作員需密切監察過程，調節題目（LEGO® Serious Play®, 2010）。

Kristiansen & Rasmussen（2014）和 Blair & Rillo（2016）參考「心流」理論而提出的構建技巧（skills building）概念，成為了 LSP 一個重要的導入環節，讓組員在工作坊開始之時，逐步掌握以下三方面的技巧，確保他們能以成人的角度去參與 LSP 的過程，習慣用積木來促進溝通，而非像小孩般玩耍：

### 一、搭建積木的技術（Technical Skills）

搭建一座「高塔」，讓組員學習把不同的積木拼接。由於每個人心中都有一座塔的形象，會較易展現他們的想法。作品完成後，工作員可去測試其穩定性。測試過程中，有些高塔或會倒下來，這時組員內心會產生一些感受，工作員可趁機為他們帶出動手實作的重要性，同時邀請他們分享這座塔的設計理念，並嘗試讓他們按守則學習有規範地分享。

**二、運用比喻技巧**（Metaphorical Skills）

搭建一隻「積木怪獸」，然後請組員在幾分鐘內，把這隻怪獸改動成曾遇過最理想或最壞的一位上司。這時組員可以開始運用想像力，給積木賦予意義，把比喻投射到模型上並作解釋，同時更快地解放他們受語言文字限制的思維。其他可以考慮的主題，包括：

- 團隊建立小組：團隊、隊友或友誼
- 個人成長小組：專業的我、真我、兒時的我

**三、說故事技巧**（Story-telling Skills）

搭建一個「周一的早晨」，讓人可以用故事的形式分享個人的經驗，並練習用模型來表達，其他人則學習聆聽。

建議在成人的工作坊中用 40-60 分鐘時間以 Window Exploration Kit 來處理（LEGO® Serious Play®, 2010）。本冊的 **La. 導入遊戲**則可在小組開始前未齊人時進行，從而提升他們搭建積木的技術。

另外，筆者認為積木的活動適合任何年紀，因此宜因應各人的發展階段去裝備他們的技巧（Gomez De La Cuesta & LeGoff, 2014; Thomsen, 2018）。對幼童而言，以下每個技巧都足以成為一個簡單的導入小遊戲：

1. **感覺動作技巧**（Sensorimotor Skills）
   - 在裝滿積木的箱子中找出隱藏的鑰匙或硬幣等物件；
   - 撿起積木並拋入筒中；
   - 用手把桌上的多件積木同時掃入筒中。

2. **小肌肉技巧**（Fine Motor Skills）
   - 接觸、手握、放下積木在腰部的上、中、下水平；
   - 練習結合不同的手指去拿起積木；
   - 單手拾起、移動及放下細小的積木；
   - 拼合積木成一具模型，再從模型上把積木拆出來；
   - 用夾、鉗或筷子夾起積木放到容器中。

3. **視覺感知技巧**（Visual Perceptual Motor Skills）
   - 按圖拼砌模型；
   - 準確地對齊積木，使所有積木組裝在一起；
   - 按大小或形狀配對磚塊；
   - 創建對稱的模型；
   - 當不同顏色、大小和形狀的積木混在一起時，能找到指定的積木；
   - 用手指或鉛筆找出積木；
   - 閉目識別積木的形狀；

- 檢查及核對手上的模型和圖片是否正確。

4. **認知技巧**（Cognitive Skills）
   - 分辨積木的顏色、大小和形狀；
   - 建塔時，能把最大的積木放最底，最小的放最頂；
   - 配對圖片和手上的積木；
   - 點算顏色積木的總數；
   - 按積木的顏色或形狀，與現場環境的物件配對；
   - 按積木的大小、顏色或形狀分類，並放到不同的容器；
   - 按指示把積木放在線條上或自己身體上下左右不同的位置；
   - 用語言描述不同的積木。

## L2.2 物資管理

### *2.2.1 LEGO® 術語*

在小組活動前，宜先教導組員有關積木的主要術語，這可有助工作坊的運作，也方便互相溝通，但切記盡量減少賦予積木太多意義：

**釘**（Stud）
1 x 1 正方磚、1 x 2 長方磚、1 x 4 長方磚、
2 x 2 正方磚 、2 x 4 基本磚

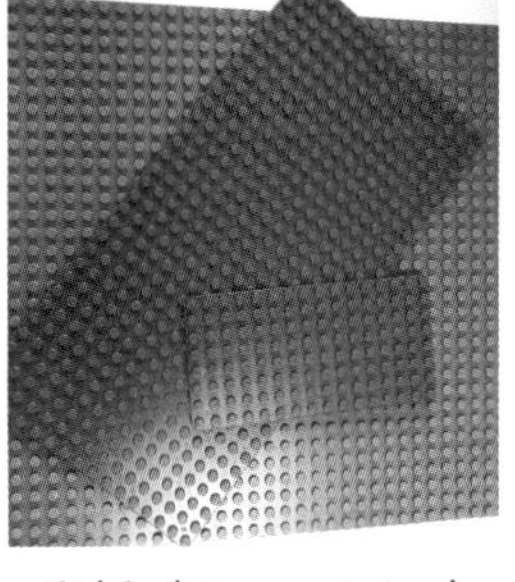

**底板**（Base plates）

**人物** (LEGO® minifigure)

**零件**
長梯、螺旋槳、車輪、長桿、方向盤、
斜磚、旗、水盤、樹（左上起，順時針方向）

### *2.2.2 選購積木*

LSP 本身有不同的套件供認證引導師選購，當中包括一些金錢、梯、引擎、花、柱、植物及繩，這些都不易在坊間購買（Blair & Rillo, 2016）：

- Exploration Kit（48 塊）：不同顏色及形狀，適用於個人模型，如：搭建技巧、個人目標、較短期的工作坊。

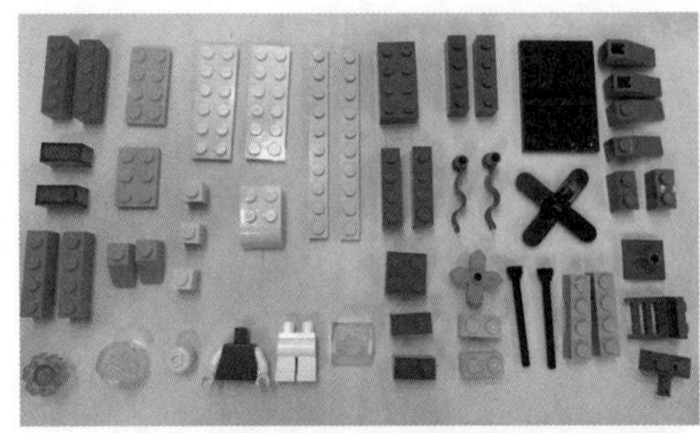

- Starter Kit（219 塊）：基本磚及不同形狀的積木、少量 DUPLO®、車輪、門窗、樹、管、球體及小的底板，適用於共享模型及一般用途。

- Identity & Landscape（2,631 件）：人像、動植物、圍欄、圓拱、柱等，適用於共享及系統模型。
- Connections Kit（2,455 件）：連結的管道及線，適用於系統模型。

假如小組中只是使用基本磚，相信會令很多組員感到困惑。LEGO® Serious Play®（2010）建議，組員應有共同的起跑線，即擁有同一批的積木，同時有足夠的選擇，讓他們更易搭建心中的模型作為比喻來表達自己。

至於自行購買坊間的 LEGO® 積木，可參考上述的配件外，最好不要使用一些已經有特定意義的卡通主題人物或符號。Blair & Rillo（2016）建議選用經典（classsic）、城市（city）、朋友（friends，因有更多元的性別選擇）。年紀較小的組員，可選用 DUPLO®、初階（Juniors）。

筆者建議，如想加入 STEM 的元素，可考慮選用有編程元素的 boost、technic、mindstorms 及 architect 等，並準備一些鉸鏈（hinges），方便組員轉變積木的角度。另外，可按組員的年紀，選購時留意盒上所示的歲數，必要時可提供稍大歲數的積木，既可讓不同能力的組員選擇，又能符合他們的程度，這樣才可營造高峰經驗。

對工作員來説，有時購買多少數量的積木才算足夠，這是一個兩難的議題。一方面我們希望讓組員有足夠的選擇，另一方面太多零件又會對某些人造成選擇上的困難。Thomsen（2018）設計了一個有趣的程式供工作員參考：

$$\frac{\text{每人平均的積木件數}}{\text{組員的年紀}} = \text{活動需時（分鐘）}$$

選購參考網站：http://shop.lego.com。

### *2.2.3 儲存及保養積木*

如何儲存及保養積木，可參考 Care for Education（2016）、Gomez De La Cuesta & LeGoff（2014）、Thomsen（2018）及筆者運作的經驗，大致有以下的建議：

**一、儲存及分發**

- LSP 的 Exploration Kit 宜放入小透明膠盒，盒上貼上照片，方便組員協助把物資回收；
- 可考慮按主題把積木分類，如：園境（landscape）、科技（technic）、人物和動物（figures）、底板，但不用太過仔細；
- 其他的零件可放在大透明膠箱內，細小的配件則可用分類盒；
- 可在桌上放置膠碟，以免組員不經意把積木散落地上；
- 每次活動完結時，建議花點時間檢查地板。

**二、使用規則**

- 使用前先洗手；
- 不宜一邊飲食一邊搭建；
- 不宜帶出戶外；
- 盡量在桌上或地氈上玩，若真的要在地上玩，宜先清潔地板。

**三、清潔方法**

部份白色的積木有機會隨年月而變黃。至於其他顏色的積木都不會褪色，甚至經過廿多年還是歷久彌新。工作員購買二手積木回來後，宜先清潔一下，令組員參與小組時的感覺會更良好，方法包括：

- 手洗：放入攝氏 40 度以下含肥皂或柔和清潔劑的暖水浸泡，切勿用漂白水；
- 機洗：先把積木放入枕頭袋，然後再放入洗衣袋中，切記不要使用旋轉模式，以免毀壞洗衣機及積木；
- 用花灑沖洗，再用筲箕晾乾水；
- 放在毛巾或海綿上，用室溫或冷氣風乾，勿用風筒、焗爐、陽光等弄乾；
- 可用軟毛牙刷或水彩筆弄走灰塵，會令人感覺積木光鮮如新。

**四、其他冷知識**

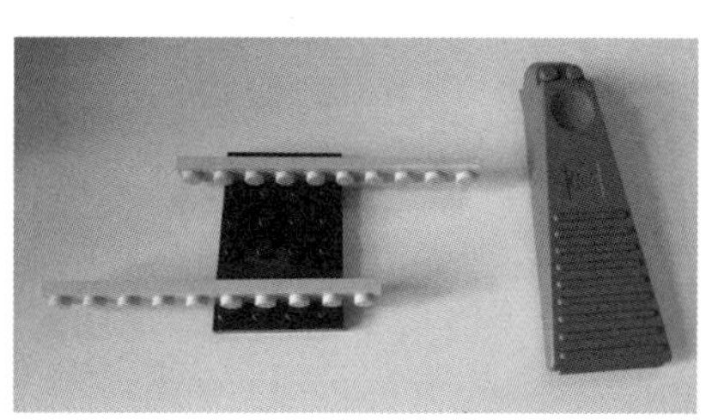

- 應該用合宜的力量去拼合既穩固又易於分離的作品。兒童可觀察一般建築物或牆壁的結構，思考以交替的拼接方法來搭建最穩固的結構；
- SNOT：垂直拼接，條狀的積木可 90 度卡在積木上（圖左）；
- 在自由搭建的活動中，提供拆件器（brick separators）（圖右），可避免組員使用牙齒或指甲分拆組件而弄傷。

## 參考資料

Blair, S., & Rillo, M. (2016). *Serious work: How to facilitate meetings & workshops using the LEGO® Serious Play® method.* UK: ProMeet.

Care for Education (2016a). *Activity booklet for LEGO® DUPLO® play box*. Denmark: The LEGO Foundation.

Care for Education (2016b). *Activity booklet for LEGO® play box*. Denmark: The LEGO Foundation.

Care for Education (n.d.). *Six bricks booklet*. Denmark: The LEGO Foundation.

Csíkszentmihályi, M. (1996). *Creativity: Flow and the psychology of discovery and invention*. New York: Harper Perennial.

Gomez De La Cuesta, G., & LeGoff, D. (2014). *LEGO-based therapy: How to build social competence through LEGO-based clubs for children with autism and related conditions*. London: Jessica Kingsley Publishers.

LEGO® Serious Play® (2010). *Open source introduction to LEGO® SERIOUS PLAY®*. LEGO® Group.

Kristiansen, P., & Rasmussen, R. (2014). *Building a better business using the LEGO® Serious Play® Method*. New Jersey: Wiley.

Puentedura, R. R. (2006). Transformation, technology, and education in the state of Maine [Web log post]. Retrieved from http://www.hippasus.com/rrpweblog/archives/2006_11.html

Thomsen, A. (2018). *Thera-build with LEGO®: A playful therapeutic approach for promoting emotional well-being in children*. London: Jessica Kingsley Publishers.

# L3
# 介入LEGO®積木小組過程常見的關鍵事件

黃幹知、張栢寧



本章會分享在帶領 LEGO® 積木為本的小組活動中常見的一些突發關鍵事件，並以社工的角度剖析組員背後的需要，從而闡述介入和應對的手法。

## L3.1 組員對用積木進行活動感到無聊或幼稚

有時到一些學校帶領活動時，校方可能是隨機挑選組員參與，又或未有清晰地向組員説明工作坊的目的，參加者通常以為工作坊是興趣班，大家只是來遊玩，不明白活動有何意義。

處理學校這類的關鍵事件，可從兩方面入手。一方面，工作員在活動開始前，先了解組員為何會參與、他們想像這工作坊是做甚麼的，從而初步掌握他們的期望。另一方面，工作員應清楚説明舉辦這工作坊的原因，並從中説明學習目標。若工作員在了解組員期望的過程中，聽到他們對生活中的一些關注議題，可加以説明這工作坊能如何滿足其需要，這樣將大大提升參與的動機。最後，工作員必須和組員約法三章，如：盡力投入、主動分享、專心聆聽、發揮創意等。

至於在企業培訓工作坊，有些參與的員工或會對積木投射了一些「煩厭」的感覺，認為積木是兒時的玩意，參與這樣幼稚的活動，實在浪費他們寶貴的時間，甚至擔心會被其他同事取笑。其實，這些組員只不過投射了一些過去的感受，又或不滿主辦單位安排他們來參與培訓，於是把情緒發洩在工作員身上。

處理企業培訓這類的關鍵事件，也是可以從兩方面入手。一方面，工作員先邀請組員分享上次玩積木的經驗和感受，以及兒時第一次接觸 LEGO® 積木的經驗，並從中分享對積木的看法。另一方面，工作員可因應工作坊的主題，分享 LEGO® 公司運用 LSP 來進行會議及思考策略而令公司起死回生的故事，從而讓他們了解運用積木也可進行一些有意義的活動。掌握組員的期望和需要後，工作員可以為他們度身訂造一些更有挑戰性的活動。工作員在與組員約法三章的過程中，最好強調小組是歡迎他們帶點童真來參與活動，這樣或許會帶來更多創意。

## L3.2 過程中毫不專心地拼砌其他積木

任何年紀的組員，不論是青少年還是成人，看見 LEGO® 積木時都會自然地動手拼接，一般只是純然玩樂，未必是在構築一些有意義的模型。有些工作員對組員不專注可能會感到難堪，但也有工作員會從另一角度去看，視組員的行為是投入參與的表現。誠然，組員喜歡積木才會動手拼砌。在香港，工作員也需理解這是自然不過的事，因為學生的學習環境的確很沉悶，在職者的工作環境也充滿壓力，大家難得有機會放鬆一下，所以可多點跟隨組員的步伐，不用太過介懷他們是否專注。

在程序設計上，不妨預留多點空間，讓組員第一眼看見積木時可以觸摸和隨時玩樂一番，從而讓他們熟習不同的零件和搭建技術。此外，工作員也可預留小組最後時間給予組員自由地盡情搭建心中的模型。

面對兒童或青少年組員，工作員可以從課室管理策略著手，先講解要搭建的主題和目標，並在派發積木前跟組員約法三章，例如設定一些口號或手勢，當工作員作出指示時，可以暫停搭建和聆聽指示。在分享環節開始前，工作員要預留一兩分鐘，請他們把製成品以外未用的零件放回袋中，甚至請他們把雙手放在大腿或桌邊，以減少組員分心的機會，讓他們可以專心聆聽，尊重在說故事的人。

## L3.3 組員不願意嘗試起步搭建模型

在活動時，有些組員顯得非常擔心，表示自己從來沒有接觸過積木的經驗，很怕做不來，又或覺得所做的作品創意不足。

如果組員在體驗活動中表達這個感受，從「心流」理論的角度看，這是「挑戰」遠超「技能」的現象。工作員在編排活動程序時，應由淺入深，即由簡單的導入遊戲開始，讓他們掌握搭建積木的技術，建立信心。

如果組員在反思活動中，尤其在工作員提出問題後的搭建階段（building）才提出這感受，就可能和他們的慣性反應有關，有些人的工作風格是習慣觀察或計劃清楚才開始行動。工作員與組員開始協約時，可以簡單介紹 LSP「動手做」（Hands on, minds on!）的精神。到講解活動時，工作員可強調每個人的步伐不一樣，應該容許自己和他人不同，可以創作一個獨特的作品，而且在製作模型的過程中，不一定要參考其他人的做法，因為這個活動並非要尋找一個固定的答案。面對職青的組員，工作員可故意加快節奏，打破他們的慣性，讓他們嘗試一個新的體驗，之後再邀請他們分享勇往直前和思前想後兩種思維去完成一件事，感受有何不同。

在小組中，如果給予某一組員過度的關注，或令其他人的注意力聚焦在那位未能按時完成作品的組員身上，可能會對當事人造成很大的壓力，也會影響其他組員的整體經驗。有時，經過工作員一兩次鼓勵後，組員仍然沒有太大的進展，就適宜先給予該組員空間休息一下，在下一個部份或活動再加入，或邀請他在旁觀察之後才再作分享。在分享的環節中，也可邀請其他組員分享一下活動過程中，有沒有一些難以構思或表達的時刻，讓該組員了解即使未能完成作品也是理所當然的。

## L3.4 兩人看中同一件獨特的零件，繼而發生爭執

在自由搭建積木的活動中，組員可以在眾多的零件中選擇自己的心頭好。一般的零件都會有足夠的數量供組員選擇，但某些特別的零件、人像或動物，則可能只有一款。過往的小組活動中，曾試過一位有特殊學習需要的高小學生（A 組員），在未徵得 B 組員的同意下，在他所砌的模型中，拆出其中一個很獨特的零件來搭建自己的作品，B 組員馬上出手搶回，最後差點動武。

這個時候，工作員除了即時分開他們，別讓肢體衝突升級外，也可以思考如何把這個對小組極有意義的時機轉化成一個受教時刻（teachable moment）。工作員於是馬上暫停了小組，先邀請雙方安靜一會，隨後以 4F 的框架來進行過程反思（process illumination），讓大家回顧這個「此時此刻」的事件：

- 事實（Facts）：剛才其他人看見發生了甚麼事情？
- 感受（Feelings）：你們猜 A 和 B 分別有何感受？
  A 和 B，誰最説得中你的感受？你還有其他感受嗎？
- 發現（Findings）：是甚麼令 B 有這樣的感受？他需要甚麼？
  這個零件有甚麼吸引你？對你的模型有何重要性？

此時，A 組員説出了自己很重視砌一個完美的模型，那零件正好幫他表達這個訊息，而在家中也習慣了自己的兄長會遷就他。同時，其他組員也説出了 B 有被人尊重的需要。

- 未來（Future）：如果某個零件非常吸引你時，你會如何處理？如何表達？

此時，各位組員開始商議如何共用積木，例如：協議每人用一會、用多久、暫時尋找其他替代零件，並示範如何向正在手持零件的人提出請求。對所有組員而言，這正正是練習社交技巧的好機會。

香港耀能協會（2015）的《童砌積木學社交》列出有自閉傾向的幼童砌積木時發生的多種社交互動關鍵事件，並仔細説明工作員應用甚麼問句去回應，我們建議服務相關對象的讀者參考細閱。

總括而言，工作員宜預留足夠的時間，去回應組員進行積木活動過程中的關鍵事件，並尋找當中的學習和成長契機，為組員帶來深刻難忘的經驗。

# 實踐篇

# La 導入遊戲

**時機：**

- 人數未齊並需等待遲到組員；
- 小組開始的熱身階段。

**需時：** 5-10分鐘

**人數：** 建議2人進行，增加互動

**目的／功能：**

1. 讓組員認識 LEGO® 零件，練習搭建及拼接技巧（skills building）；
2. 讓組員熱身及進入狀態，專注未來的任務；
3. 讓組員動動腦筋，發揮創意和想像力；
4. 讓組員之間互相認識，建立關係。

其他技巧，詳閱《一團和戲》（pp. 166-167）：「帶領鬥智小遊戲」。

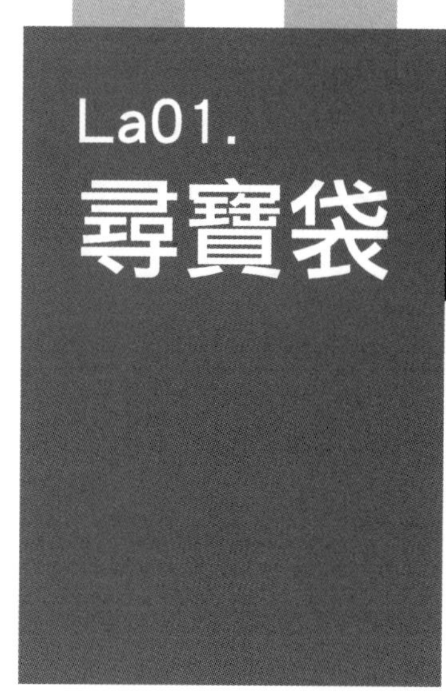


## 物資

1 包積木

## 玩法

1. 工作員把積木放進袋中，組員可觸摸及搖動；
2. 組員猜估袋中積木的數量、大小；
3. 每猜中並抽出積木，邀請組員先簡單自我介紹，然後分享一件與積木顏色或形狀相關的事物。

## 備註

- 袋中除了有一般積木外，也可放入不規則的積木，如動物、人偶，增加驚喜。

# La02. 夠晒數

## 物資

1 包細積木

## 玩法

1. 組員從袋中隨機抽出一塊積木，積木圓點代表數目；
2. 工作員說出一個點數（如：16）後，組員須鬥快與其他人組合至足夠點數為止。

## 備註

- 袋中積木需包括不同點數（如：1、2、4、8），以增加組合變化；
- 變奏：每人抽兩塊積木，每回合只可選用一塊，積木用後需重抽。

# La03.
# 舞動扭扭樂

## 物資

1 包 DUPLO® 積木及底板

## 玩法

以不同顏色積木組成舞台，組員抽出不同顏色的積木，代表手指接觸舞台的次序。

## 備註

- 活動先以二人對賽開始，可起示範作用；
- 簡化遊戲：只用食指和中指進行，每回合只移動一隻手指，另一隻不准離開積木；
- 增加難度：積木大小及距離不同。

# La04.
# 與眾不同

## 物資

相同顏色積木，一塊不同顏色積木

## 玩法

1. 每人輪流抽出一塊積木，不讓其他人看見；
2. 積木為單一顏色，只有一塊不同；
3. 組員輪流說出一項與自己積木顏色有關的事物；
4. 完成後猜出誰的積木與其他人的不一樣。

## 備註

- 工作員可以引導組員對相同顏色與不同事物之間的聯想；
- 選用常見顏色（如：紅、黃、藍、綠）為主，組員會較易聯想；
- 完結一回合後，可請組員分享一下事物與積木顏色之間的關係。

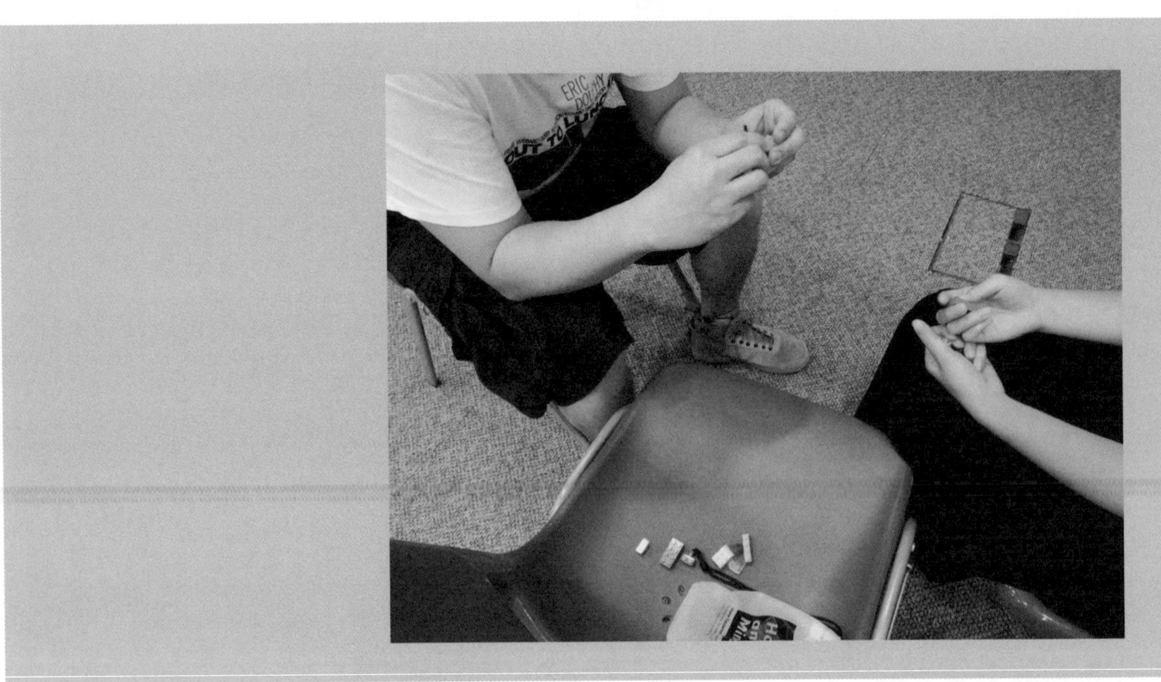

# La05. 田

## 物資

4 條長積木（圖 1）

## 玩法

利用 4 條長積木組合成「田」字，答案見圖 2。

## 備註

- 工作員可先用手比劃「田」字的寫法，以協助組員盡快展開討論；
- 組員經嘗試後，工作員再引導組員運用觀察力並從多角度思考，是可以有不同的組合方法。

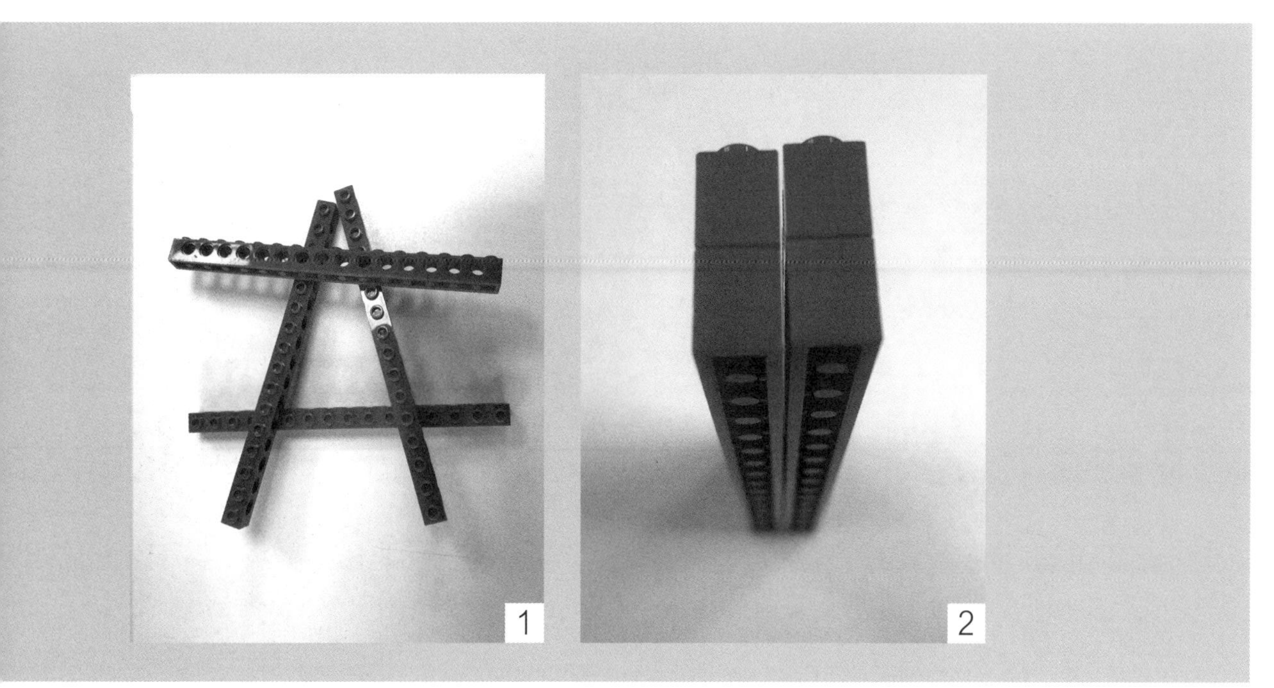

1　2

# La06.
# 重力考驗

## 物資

30 塊不同形狀的細積木

## 玩法

1. 找 4 塊 2 x 4 基本磚拼接成一個立方體；(圖 1)
2. 用最多 25 塊積木令這立方體吊在桌子的邊緣外。(圖 2)

## 備註

- 完成後，組員可用更多基本磚來擴大立方體，能承重最多積木者為勝；
- 亦可減少吊臂積木的數量，減至最少數量者為勝。

## 參考

*Activity Booklet for LEGO® Playbox*, “Hanging Cube” (p. 26).

1
2

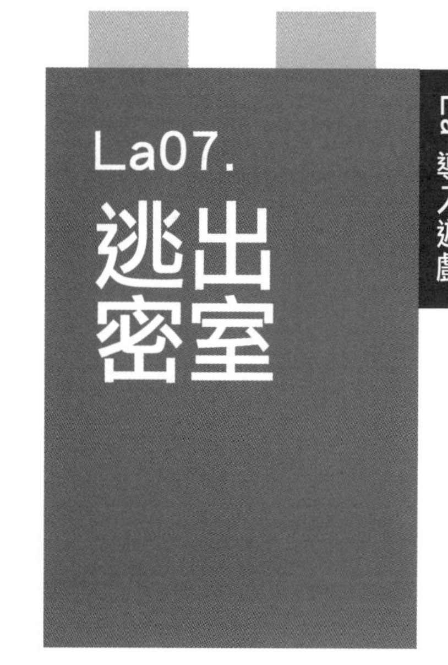


## 物資

1 包積木

## 玩法

1. 以底板及基本磚圍出房間；
2. 把圓形目標積木（右上）移出房間，門口在左下；
3. 其餘積木（阻礙物）不可離開房間 。

## 備註

- 工作員可示範積木移動方法；
- 房間空白地方愈多，目標較容易逃出；
- 以不同形狀積木（如：動物）作為阻礙物會更吸引。

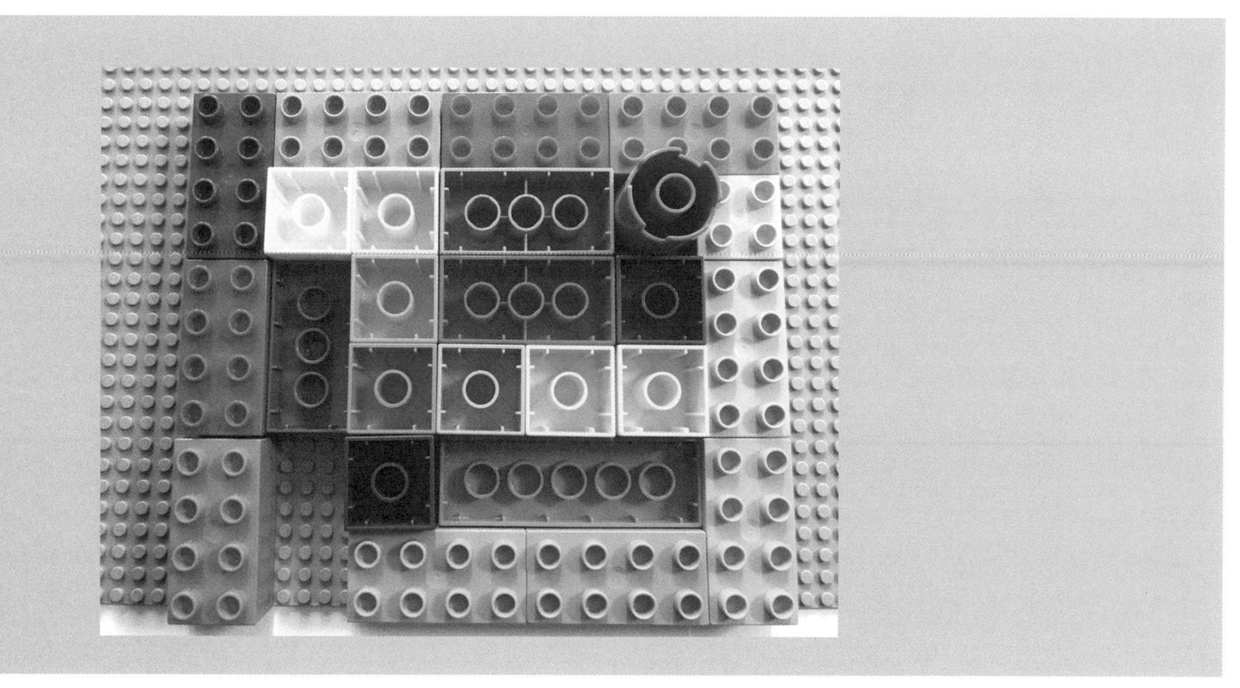

# La08. 密鋪平面

## 物資

1 包積木

## 玩法

1. 兩人對賽，以底板為棋盤（6 x 4 底板即有 24 格方格）；
2. 組員輪流鋪上一塊積木，積木必須佔用至少一個方格；
3. 最後一位能鋪上積木的組員為勝；
4. 鋪上的積木不可有任何部份超出底板範圍，也不可因形狀而阻擋未佔用的方格。

## 備註

- 先介紹積木各有不同形狀，所佔用空間亦有不同作導入活動；
- 帶出對賽中需要精心策劃及配合手上的資源；
- 引導組員討論下回合訂立的新規則，如：最後鋪上積木者輸、猜拳勝出者可以開始鋪積木、下一塊鋪放的積木需緊貼著上一塊、積木可否超出底板範圍外、雙方先行分配全部積木、每回合只可選用自己的積木。

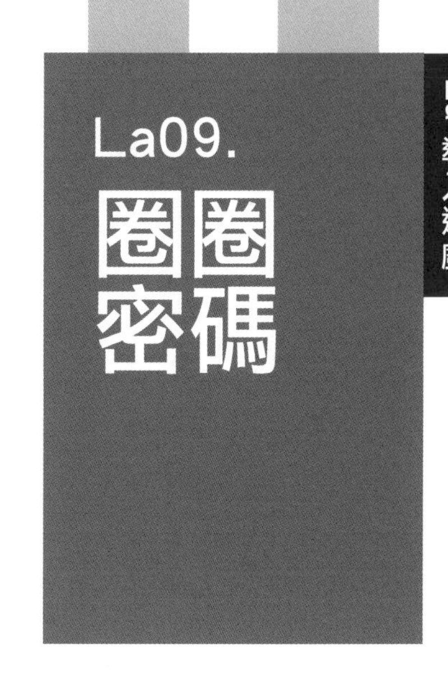

# La09. 圈圈密碼

## 物資

6 塊基本磚、幾條橡筋（紅、黃、綠 3 色）

## 玩法

1. 用不同積木組成棋盤，工作員說出密碼（如：4 粉紅 1 綠）；
2. 組員以橡筋圈出相應密碼。

## 備註

- 分 2-3 人一組，以比賽形式進行可增加競爭；
- 密碼難度先易後難：直線較容易，不規則形狀較難；
- 充份利用橡筋的特性，圈出不同形狀；
- 工作員利用圈出的形狀，引導組員聯想。

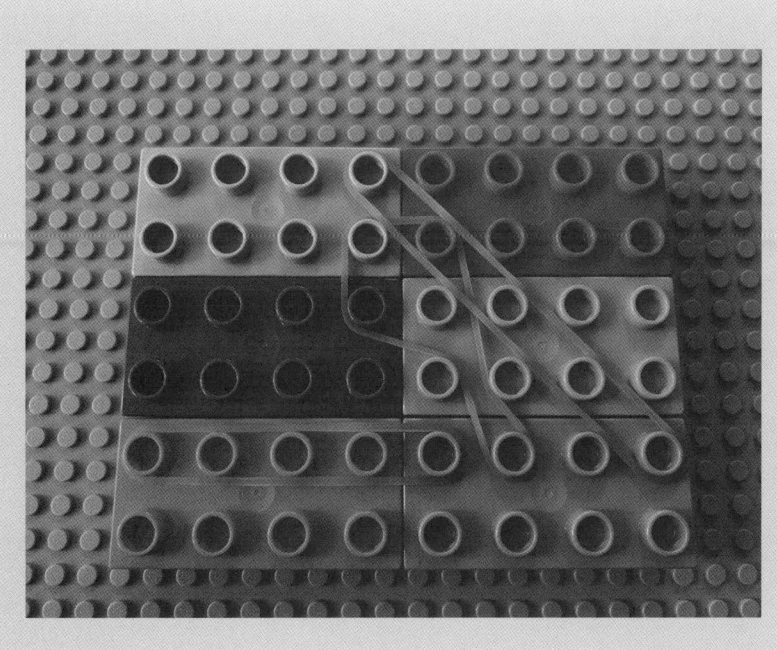

# La10.
# 記憶組合

## 物資

1 包積木

## 玩法

1. 工作員任意取兩塊積木上下組合，向組員展示後收起；
2. 組員找出相關積木並組合出相同模型。

## 備註

- 若以幼童為對象，可展示後不收起，令其掌握玩法；
- 引導組員對比兩者是否相同？如不同，有何差異？如何令兩者一致？
- 引導組員討論記憶模型的方法；
- 增加難度：增加積木數目、要求把顏色排列至合適的次序，以及嘗試不同組合方法。

## 參考

*Six Bricks Booklet*, “Can You Remember” (p. 9).

La11.

# 拼拼猜猜



## 物資

不同形狀的細積木

## 玩法

1. 一位組員抽出字卡，以手上的積木搭建代表答案的模型，讓另一組員猜出答案；
2. 模型只可搭建意思，不可直接搭建字，過程中不可說話及做動作。

## 備註

- 因應組員的能力設定搭建的時限，建議 1 至 3 分鐘，太短無法搭建，太長令節奏變慢；
- 遊戲題目應以簡單詞語（如：太陽、橙、樹、魚）開始，增加組員的成功感。

## 參考

*Activity booklet for LEGO® play box*, "Creationary" (p. 33)、《一齊玩斗》(p. 99)。

# La12. 疊寶奇兵

## 物資

每人 2-5 粒不同顏色的積木

## 玩法

1. 工作員叫出顏色（如：紅藍），用手比劃方向（如：左至右）；
2. 組員按指示完成。

## 備註

- 待組員熟習玩法後，比劃方向可為：左右、上下、V 型、W 型等，要出奇不意；
- 工作員可請組員解釋拼法及不同可能性，增強互動；
- 可以比賽形式進行，增強氣氛。

# Lb 體驗活動

## Lb0.1 講解技巧

- 熟習活動的講解和帶領步驟；
- 講解時説明活動的主題及規則，同時留意會否説得太多，令組員沒有發揮空間，有需要時可示範一些搭建技術；
- 以「開始」及「停手」等訊號來提示搭建；
- 宜在講解後才讓組員接觸積木，可確保他們專心完成；
- 具爭議性的規則，宜用 PowerPoint 簡報展示出來。

## Lb0.2 帶領及介入技巧

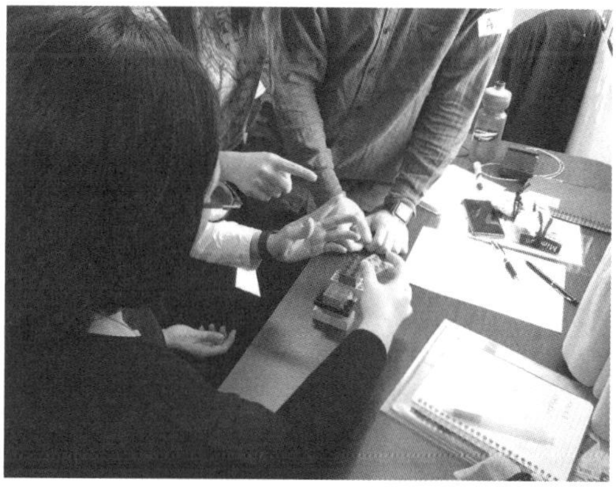

- 2 人一組活動，可考慮用細件的 LEGO® 積木。團隊活動，宜用較大塊的 DUPLO® 積木，方便多人一同參與。4-6 人一組為最理想的人數；
- 間接介入（indirect intervention）：給予組員嘗試解難的空間，有需要時用提問方式提示，並鼓勵他們完成作品；
- 共建討論：在團隊活動中，所有組員一起為達到共同目標而努力，若有組員犯錯，宜給予機會大家討論及再嘗試；
- 留意是否有個別組員主導了小組，若有這種情況，宜分工讓不同組員輪流選擇及參與不同的角色，同時讓不同的小圈子間互相合作；
- 鼓勵組員拍下自己的成品，不單可留作回憶，還可拿來與家人或朋友分享以延伸學習經驗，以及在下一節活動中用作回顧；
- 治療性搭建（Thera-Build）提出的四步循環（Thomsen, 2018），值得工作員在介入時作為參考：

  1) **搭建**（Build）：

     選用合適形狀的積木，一起搭建，建立信任關係；

2) **聆聽**（Listen）：

讓組員感到與工作員同在、專心地聆聽，並以開放式問句提問；

3) **注意**（Notice）：

留意一些引發情緒的事件、身體語言、行為所表達的訊息，工作員也可嘗試用反映（reflection）的方法去猜估組員的想法；

4) **回應**（Respond）：

明白組員的情況，並用連接詞來引導組員以説故事方式分享。

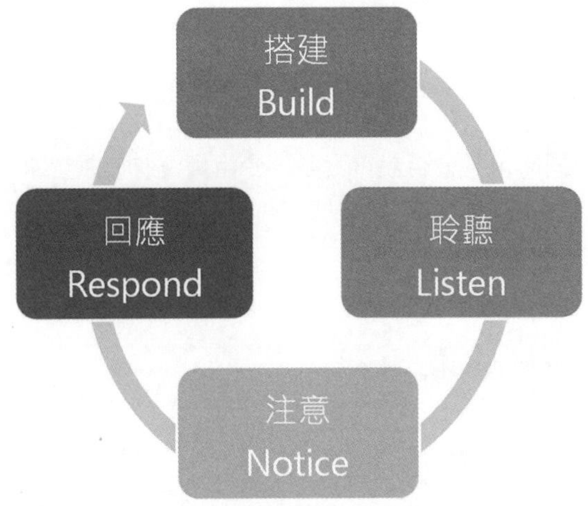


## Lb0.3 在人際互動遊戲中的觀察技巧

在樂高積木治療中，工作員可觀察組員以下的社交互動（Gomez De La Cuesta & LeGoff, 2014）：

- 搭建簡單模型：
  - 是否適當且獨立地遵守要求？
  - 會尋求幫助還是獨立完成任務？
  - 會否與工作員眼神交流並進行其他適當的社交互動？
  - 能否輕鬆地完成任務？
  - 能否正確完成模型？
  - 是在哪一種（按指示、即興、隨意或不按指示）情況下完成？
  - 會否修改場景？
  - 會向家人展示模型還是把模型置於一旁？
  - 搭建時能否以言語或非言語的溝通來與人保持聯繫？
- 自由搭建：
  - 規劃的程度和時間各是多少？（顯示是有準備還是衝動）

- 組織和結構怎樣，會否顯得混亂？
- 用了甚麼主題，是否有一些特別的偏好？
- 在構思或搭建時有否求助？
- 決定後會否經常更改模型的設計或對它所作的描述？
- 可以獨立維持多久的專注力？
- 是否表現出自尊心並尋求別人的認同？
- 活動結束時，能否按要求停止還是堅持繼續搭建？
- 搭建過程中感到困惑時，有否表現出任何不合宜的行為？

# Lb01.
# 尋積木

## 執行須知

人數：不限

需時：10-15分鐘

物資：不同形狀積木（建議 2 x 2正方DUPLO®積木）

場地：圍圈坐

## 講解技巧

1. 組員圍圈坐，其中一人手持積木；
2. 音樂播放時，手持積木的組員把手上的積木傳向左面的組員，待音樂停的一刻，積木落到某組員手上，這名組員即被選中作簡單自我介紹或分享。

## 帶領 / 介入技巧

- 講解時，可先請全體組員伸出左手並張開作準備接積木的姿勢，再用右手作傳積木的姿勢，然後簡單示範及練習；
- 工作員也可以積木的顏色和形狀來引發組員聯想（如：有甚麼物件與你手上積木的顏色相同）。

## 解說技巧：主題與提問

- **破冰熱身：**組員快速投入小組及營造輕鬆氣氛；
- **創意思維：**從隨機抽中的積木的顏色來聯想，令組員更樂於分享。

## 變奏

- 活動中加多一粒積木，與原先的積木同時向反方向傳遞，待音樂停下來時，手持積木的兩位組員可輪流分享，令更多人參與；
- 增加角色：安排兩名組員扮演探員的角色，站到圈外，圈內組員則雙手緊包積木傳遞，限時一到，探員需猜出積木握在誰的手中。工作員在介紹時可做誇大動作或假動作，營造輕鬆氣氛；
- 增加難度：改用細塊的積木。

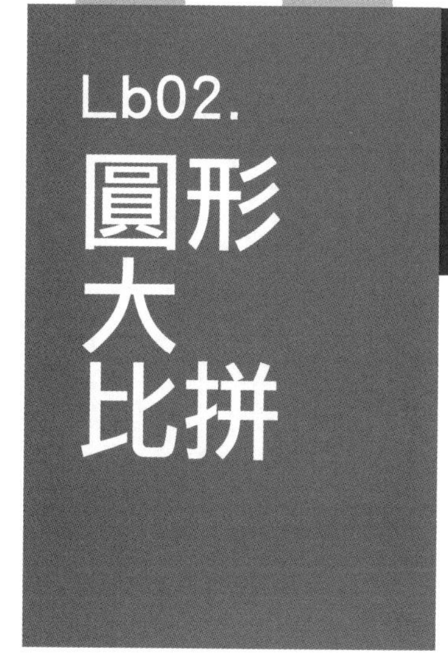


## 執行須知

人數：每組4-8人

需時：10-15分鐘

物資：每人1粒DUPLO®積木

場地：清空場地圍圈

參考：《一團和戲》(p. 77)。

## 講解技巧

1. 各個小組圍圈，每一個人輪流帶領做一個動作，做動作前要把手上的一粒積木放在身上任何一處地方，做動作時積木不能掉下來；
2. 其他人同時跟隨做同一個動作，做動作時就叫出 1；
3. 第二人把積木放到另一處做另一個動作，其他組員跟從並叫 2；
4. 如此類推，一直數算做了多少個動作，務求在 3 分鐘內完成最多動作，最多的一組勝。

## 帶領 / 介入技巧

- 工作員講解時，找幾個人協助示範，並做出站立、大字跳起、360 度轉身等大動作以刺激思考；
- 分組進行，可促使各組構思更多不同的動作；
- 每做一個動作，請全組一同報數，增加士氣；
- 如時間許可，可容許有一兩分鐘思考選甚麼積木對自己最有利。

## 解說技巧：主題與提問

- **破冰熱身：**以動作伸展個人安舒區；
- **創意思維：**考驗小組創意，引起動機；漸漸地產生創意：
  - Facts：我們一共做了多少個動作？構思時有沒有困難？
  - Feelings：自己構思時有何感受？跟隨時有何感受？
  - Findings：創意從何而來？受誰刺激？
  - Future：如何把這些創意發揮在平日的工作上？

## 變奏

- 促進連繫：二人拖手一同進行；
- 增加難度：第二輪構思的動作需邊走邊做，甚至要求每人拿兩粒積木放到不同位置。

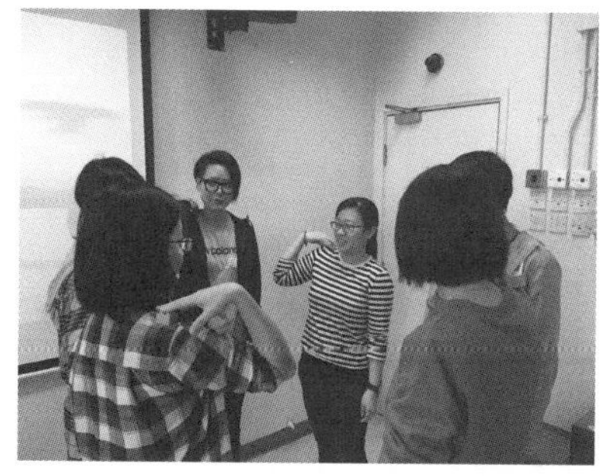

# Lb03. 眼明口快

## 執行須知

- 人數：每組4-8人
- 需時：10-15分鐘
- 物資：每人1包細積木
- 場地：圍圈坐
- 參考：《舉一玩十》(p. 63)。

## 講解技巧

1. 邀請組員輪流自我介紹名字；
2. 組員輪流在自己的袋中抽出積木，如兩位組員同時抽到相同顏色的積木，須鬥快叫出對方的名字；
3. 較快叫出對方名字的組員可取去對方面前的一塊積木，最後手中有最多積木者勝。

## 帶領 / 介入技巧

- 組員自我介紹名字後，全組可馬上重複一次，確保所有組員聽得清楚；
- 工作員事前作簡單示範，確認組員明白抽出積木的次序以及叫名後取去積木的方法；
- 工作員可作反面示範來説明規則，如：先自行偷看再取出，建立輕鬆氣氛；
- 後期可讓小組自訂規則。

## 解說技巧：主題與提問

- **互相認識：**回想其他組員的名字；
- **社會公義：**帶出大家對「違規」和「灰色地帶」的看法，如：抽取積木後自己先偷看再給其他人看；抽取積木時先感受它的形狀以增加勝出的機會，從而帶出「公平」的概念：
  - Facts：你們是如何訂出規則的？
  - Feelings：你感覺公平嗎？在不公平的情況下，會有甚麼感受？
  - Findings：規則對你有多重要？有何準則才算「公平」？
  - Future：如何訂立雙方都同意的規則？
- **自我認識：**對新規則的適應以及勝負的意義：
  - Facts：當遇到新規則，自己有甚麼反應？
  - Feelings：勝出或落敗有甚麼感受？除了勝負，活動過程中還有甚麼感受？
  - Findings：你自己如何看待勝負？

## 變奏

- 更改條件：改以積木的形狀或點數相同時才叫出對方的名字；
- 同步進行：所有組員一起抽出積木，再同步打開手掌，看見條件相同時就叫出對方的名字；
- 限時完成：以獲得的積木疊起的高度決勝。

# Lb04.
# 共同創作

## 執行須知

人數：2-6人

需時：10-15分鐘

物資：大量細積木 / DUPLO® 積木

場地：圍圈坐

參考：*Activity booklet for LEGO® play box*, "Co-Creation" (p. 34)。

## 講解技巧

1. 向每位組員派發不同的題目（如：船、屋、車），限時 1 分鐘內創作題目指定的模型；
2. 時間到，原來的組員把未完成的模型及題目交予下一位組員；
3. 下一位組員收到模型後，按新收到的題目繼續創作；
4. 創作時只可加積木，不可拆除或更改原有積木；
5. 直至自身模型返回手中。

## 帶領 / 介入技巧

- 讓組員知道 2 分鐘時間是不足以完成整個模型，避免原來的組員因覺得作品未完成而不願把模型交給下一位組員；
- 要求組員保持安靜，以免用言語影響別人搭建；
- 強調這是一個共同創作的過程，避免有組員因其他人增加了積木而感不快。

## 解說技巧：主題與提問

- **創意思維：**模型由組員共同創作，須運用想像力：
  - Facts：模型中的哪一部份令你最驚喜？那部份由誰創作？你覺得像甚麼？
  - Feelings：你見到最終的模型有甚麼感受？
  - Findings：模型經過每位組員後再重回你的手上，你有甚麼體會？

## 變奏

- 每回合的限時搭建改為限制可增加積木的數量（如：4 塊），以加快流程；
- 由每位組員按不同題目更改為全組按相同題目搭建一個模型；
- 模型完成後，組員可為模型創作一個故事並介紹給其他小組。

# Lb05.
# 你砌我讓

## 執行須知

人數：5人一組

需時：10-15分鐘

物資：每人1袋細積木(組合見圖1)、膠盤或A4 File

場地：圍圈坐

參考：《一團和戲》(p. 195)。

## 講解技巧

1. 每位組員獲發一個小袋，袋內有不同的積木；
2. 目標為全部組員各把手上積木組合成一個正方立體；
3. 桌子的中央為「公海」，組員只能從「公海」放下或取出積木；(圖2)
4. 組員要全程保持靜默。

## 帶領 / 介入技巧

- 講解時不用説太多規則，也輕輕帶過「公海」，令組員有空間去思考；
- 工作員於介紹時可以展示正方立體的成品，令組員清楚任務的要求；
- 事前準備分配給每人的積木組合數量是多少不一的，令他們必須在組內互相交換所需的積木，才能完成任務；
- 有些組別的組員遲遲未能共同完成作品，或會把所有積木放到公海上處理；
- 用顏色區分積木，有助組員在活動後整理積木入袋，方便工作員下次使用。

## 解說技巧：主題與提問

- **聆聽觀察**：專注完成自己的任務的同時，留意身邊發生甚麼事，在可行情況下協助別人：
  - Facts：組員在過程中有甚麼互動交流？甚麼原因令你把自己的零件放到公海？
  - Feelings：協助別人完成任務後有甚麼感受？別人協助你時有何感受？
  - Findings：如何從觀察別人的行為 / 動作中知道別人的需要？
  - Future：日後發現別人需要協助時會如何處理？

## 變奏

- 增設觀察員，活動後可客觀分享小組互動的過程；
- 第二回合容許組員之間以說話溝通。



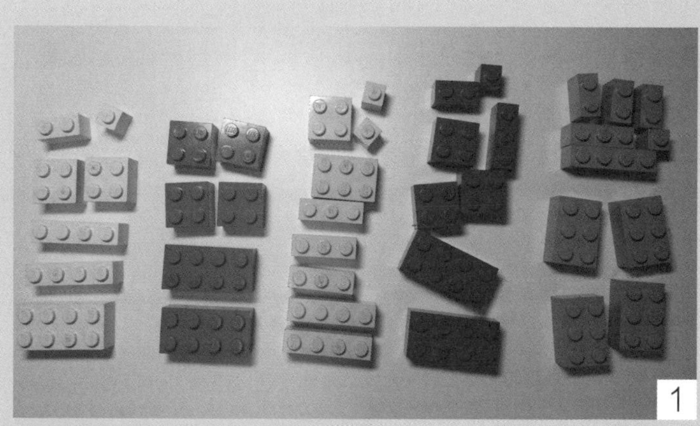

1

2

# Lb06. 傳電拼模

## 講解技巧

1. 全組面向前方列隊坐下；
2. 隊尾者先走到後方看一個大會預先設定的模型（建議組合見**附頁：傳電拼模組合清單**）；
3. 隊尾者要把這個模型的點數經前面的組員傳給隊頭者，但各個組員只可用手和背把訊號傳經隊中各人，全程須合上嘴並保持靜默，隊頭者收到訊號後須把模型中上方覆蓋下方的點數搭建；
4. 清楚説明模型必然是上紅下藍（圖 2）；
5. 進行兩至三輪後，可要求模型的形狀和點數都必須一致。

## 執行須知

人數：3-8 人一組（最少 2 組）

需時：30-60 分鐘

物資：每組 2 粒不同顏色 DUPLO® 基本磚

場地：小組排成直行坐下（圖 1）

參考：《一齊玩斗》(p. 96)。

## 帶領 / 介入技巧

- 開始前，工作員可先建議用拍肩膊次數，並一同示範一次如何傳送一個平行覆蓋 2 點的模型，之後才讓組員討論更有效率的傳訊方法；
- 循序漸進：難度由淺入深，營造成功經驗（步驟見**附頁：傳電拼模組合清單**的模型圖）；
- 請上一輪的隊頭者到隊尾看模型，其他組員向前移動一個位，輪流負責不同位置，讓所有人都有份參與以及體驗不同崗位所面對的困難，有助建立團隊內的同理心；
- 每輪之間給予數分鐘時間讓組員討論如何修正策略，簡化傳訊方法；
- 工作員觀察小組傳訊時有哪些位置出錯，再以提問來引導他們思考更多可能性；
- 此活動競爭氣氛濃厚，工作員刻意不計分或計時，讓小組著重過程和方法；
- 如果小組人數不平均，可安排多出來的組員輪流做觀察員，並在討論時給予更多意見。

1

2

## ? 解說技巧：主題與提問

- **合作解難：**共同處理困難，不停改進方法；意料之外的挑戰，嘗試和撞板的經驗，都是需要跳出思維框架：
  - Facts：剛才嘗試了多少個方法？
  - Feelings：哪一刻令你最有意料之外的感覺？
  - Findings：如何得出最後的方法？你們如何評價這方法？
- **人際溝通：**非語言溝通方法，如：動作、拍的次數等；
- **自我認識：**了解自己的處事風格（傾向行動 / 思考，規劃 / 嘗試）：
  - Facts：你們用了多少時間去討論？會否覺得不夠時間去討論？
  - Feelings：要在有限的時間內討論，你有何感受？
  - Findings：你留意到自己要討論得有多細緻才行動？
  - Future：這和你平日的工作風格相似嗎？和不同風格的人合作時有甚麼要注意？
- **STEM 思維：**帶出編程（coding）和概率（probability）的概念。

## ⇄ 變奏

- 到最後幾輪，可讓組員因應各人的專長，自行商議坐哪一個位置；
- 增加難度：模型由三粒 DUPLO® 組成，或顏色不一定上紅下藍，而是每次都不同；
- 減低難度：活動題目以選正確顏色開始，如只有紅綠兩色的積木，或不同點數的積木，令組員容易了解活動流程；傳遞的訊息愈簡單，愈能增加成功感。

**傳電拼模組合清單**

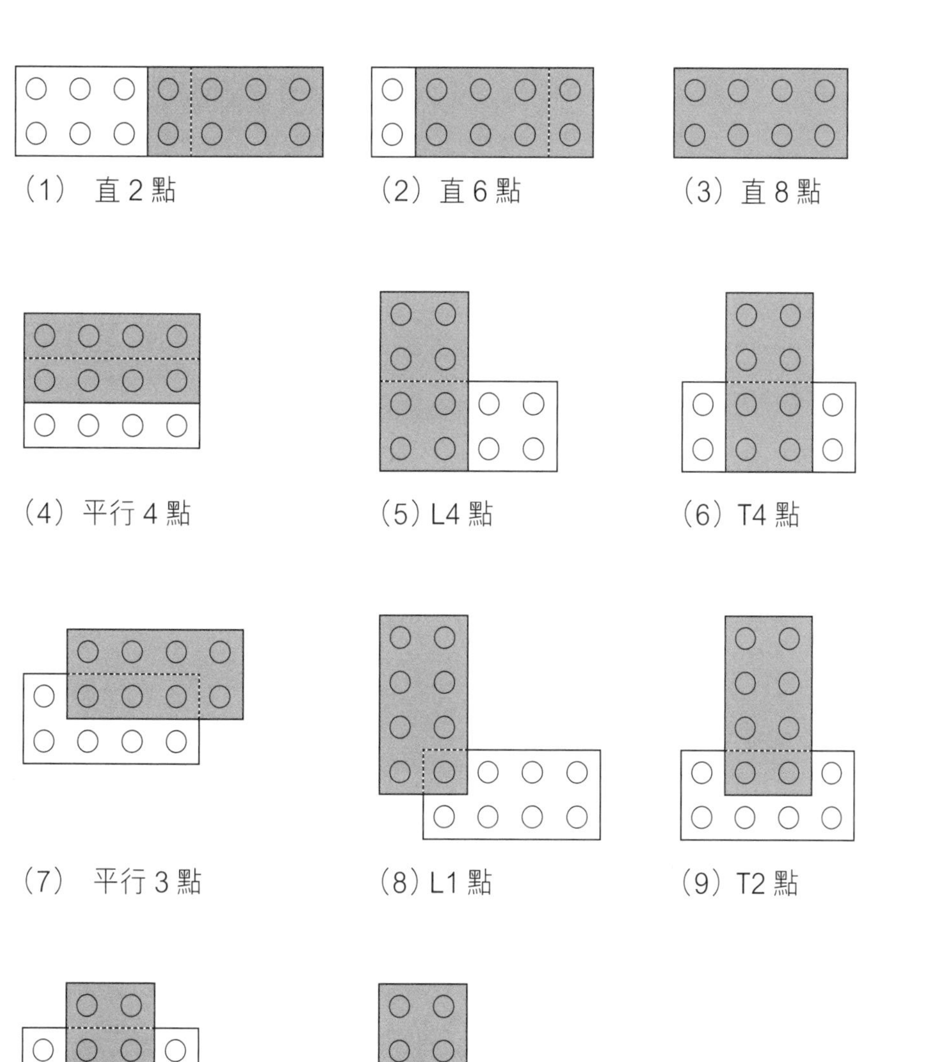


(10) 十字4　　(11) L2點

灰色 **上層積木覆蓋範圍**

# Lb07. 你講我砌

## 執行須知

- 人數：2人一組
- 需時：30-45分鐘
- 物資：每組6-12粒不同顏色和形狀的細積木（初期避免用深淺色、透明或半圓等較難描述的積木）
- 場地：兩人背對背坐，如有桌子，可令人更易掌控積木
- 參考：《一齊玩斗》(p. 89)。

## 講解技巧

1. 兩人背對背坐，A 看模型相片，指示 B 搭建指定模型（圖 1）；
2. 過程中 A 及 B 可以說話及提問，A 不可望向 B 及其積木；
3. 工作員清楚說明模型的形狀和顏色必須完全一致。

## 帶領 / 介入技巧

- 開始前，工作員可給予組員足夠時間認識積木的顏色和形狀，建立共同的溝通語言，讓他們討論更有效率的溝通方法；
- 若模型以圖片方式展示，需從不同角度拍攝，令組員準確地了解模型的結構（圖 2）；SEN 學生或小學生宜觀看實物；
- 每回合組員互換角色及互相討論，回想過程中不理解的情況及所遇到的困難，共同解決，令下回合更有效率地溝通，以及帶出試錯概念。

## 解說技巧：主題與提問

- **人際溝通：**

建立相互共同、更形象化、更快捷的溝通語言（如：代號）。如只可用語言溝通，會難以準確表達。雙方溝通出現落差時，如何發現及避免誤會出現：

  - Facts：你當時用甚麼方法去形容模型？哪句指示最有幫助？
  - Feelings：當不明白時有何感受？
  - Findings：表達者如何令對方更易掌握內容？

- **組織領導：**

事前計劃與實際執行時出現意外可如何應變：

  - Facts：有甚麼事是在預期之內？有甚麼事是意想不到？
  - Findings：當發生意想不到的情況時，你如何應變？
  - Future：如何可以應變得更理想？

## 變奏

- 增加難度：

- 增加可供選擇及所需積木的數量及種類；
- B 蒙眼進行，須克服形狀同但顏色不同的挑戰；
- 事前不溝通便要馬上開始，顯出共同語言的重要；
- B 不能提問，只可單向接收 A 的指示，引導雙向溝通的討論；
- B 全程大部份時間靜默，只可問三條問題，引導如何善用機會；
- B 可以提問，A 只可答「是」或「否」，引導思考開放式問題在溝通的角色；
- 由 A 自訂模型，再描述給 B 去砌。

• 減低難度：
- 面對面坐，方便看到積木；
- 因應歲數去減少積木數量，甚至不計較顏色。

• 分組競賽：增加趣味；
• 限時完成：帶出準確表達比快速完成更重要；
• 人數組合：
- 3 人一組，A、B 及 C 背對背坐，B 及 C 各自完成不同的模型，工作員可引導組員討論 B 及 C 在接收同一指示下，搭建出不同模型的原因；
- 參考樂高積木治療的做法，角色可再分為：設計師（負責看圖）、物料供應商（尋找積木零件）、建築師（搭建積木），合力完成模型。

1

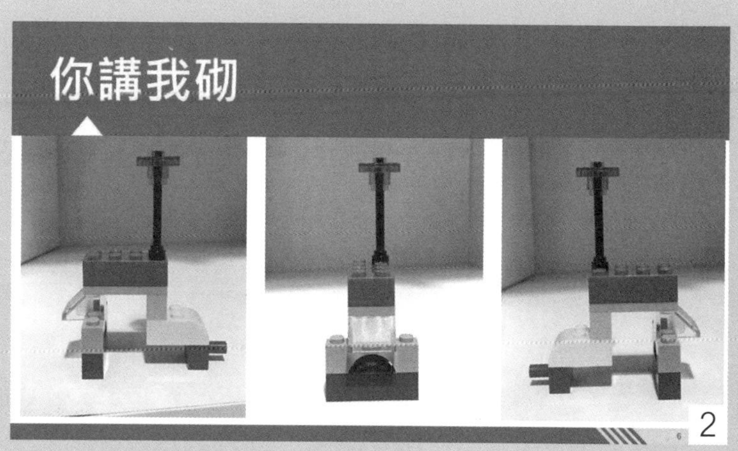

2

# Lb08. 輪住嚟砌

## 執行須知

- 人數：4-8人一組
- 需時：30-45分鐘
- 物資：每組一份5-10粒不同顏色和形狀的DUPLO®，建議派發每組形狀不同但顏色一致的積木
- 場地：每組圍著桌子坐，前方用布或屏風遮擋放置模型的桌子
- 參考：《一團和戲》(p. 194)。

## 講解技巧

1. 每組先派兩位組員觀看模型，限時 1 分鐘（組員可隨意在限時前提早回到組別）；
2. 組員回到小組，口述所觀看的模型，但需雙手放身後，不可指手劃腳，其餘組員按指示完成模型（圖 1）；
3. 可選擇再看模型 30 秒（每看一次，在完成時間加 1 分鐘）；
4. 最後把給組員觀看的模型拿出來與成品核對，並為準確完成的組別結算完成時間，時間最短的一組為勝。

## 帶領 / 介入技巧

- 開始前，工作員給予組員足夠時間討論分工及認識積木，建立初步認知；
- 組員觀看模型期間，只能眼看手勿動，以維持各方的公平；
- 每回合給予時間討論、轉換角色，令組員嘗試不同崗位；
- 工作員首一兩輪搭建一個對稱的模型，會令他們較易記憶（圖 2），後期可把模型拼得更不規則、層次更多樣化（圖 3）；
- 強調各個角色需要不同的能力與技巧，令組員明白在過程中多觀察他人；
- 若組別較多時，可請已核對正確的組別，拿著自己的模型去協助核對別組的模型。

## 解說技巧：主題與提問

- **人際溝通**：描述模型的先後次序，更易令對方明白（如：上至下、低至高、左至右、時針方位等），也可帶出提問和雙向溝通的重要性，具體引導提問可參考 **Lb07. 你講我砌**：
  - Facts：哪些提問最能幫你確認積木的位置是正確的？
  - Feelings：這活動最難的地方在哪？
  - Findings：當時你是如何提問才幫到你克服這些困難？
  - Future：提問在人際溝通中有多重要？
- **團隊合作**：不同角色和位置需要甚麼能力：
  - Feelings：負責看模型的組員有何感受？
  - Facts：你負責做甚麼？嘗試新事物 / 角色時有何想法？

- Findings：你們兩人有何小秘技去幫自己加強記憶？如何分工？
- Future：如何達到更有效的分工？最想加強甚麼能力？

- **組織領導：**善用限時（觀看模型）及加時（再看模型）的策略，達到最大效益：
  - Facts：後期開始忘記模型的結構時，你們當時如何做？有何討論？
  - Findings：如何平衡準確和時間？有何策略上的抉擇？如何善用開始觀看時的一分鐘？
  - Future：這提醒了大家未來思考策略時，有何取捨的準則？

## ⇄ 變奏

- 增加難度：全程靜默或禁止直接說出指定詞語，如：顏色（紅、藍）、數字；參考 Lb07. **你講我砌**的其他變奏方法；
- 背向小組：如表達者持續用手來指示組員時，可要求表達者背向小組說指令；
- 限制次數：只限代表出外觀看最多 3 次；
- 方陣模型：以一張 10 x 10 的方格紙為基礎，把 5-10 塊基本磚拼成不同形態的模型；
- 瞎子摸象：組員蒙眼用手觸摸模型，然後自行砌出模型，又或回到小組把觸摸到的模型形狀表達給開眼組員，由他們砌出模型。

1

2

3

# Lb09. 傷健展能

## 執行須知

- 人數：4人一組
- 需時：10-15分鐘
- 物資：數粒細積木、繩、眼罩、耳塞、口罩
- 場地：圍圈坐
- 參考：*Activity booklet for LEGO® play box*, "Challenge Building" (p. 37)、《一齊玩斗》(p. 166)。

## 講解技巧

1. 組員互相分配取去某種能力的不同角色，包括手殘（雙手放身後）、盲（戴眼罩）、聾（戴耳塞）、啞（戴口罩）；
2. 每回合派出一位組員看或摸模型，然後各自回到小組，再用他們的方法「告訴」其他組員去搭建模型。

## 帶領 / 介入技巧

- 若分組進行，工作員可指定某一角色去看或摸模型，感覺會比較公平；
- 工作員可考慮先分配取去能力的角色，再講解玩法，或只在回合中段才取去組員能力；
- 工作員可請組員觀察過程中不同角色的情況；
- 留意是否有特別需要的組員在場，避免讓人覺得有影射成份。

## 解說技巧：主題與提問

- **人際溝通：**面對不同需要的人時，可以如何溝通去完成任務；
- **組織領導：**先讓代表商量分工，達到最大效益：
  - Feelings：負責看模型的朋友有何感受？
  - Facts：你負責做甚麼？嘗試新事物 / 角色時有何想法？
  - Findings：你們兩人有何小秘技去幫自己加強記憶？如何分工？
  - Future：如何達到更有效的分工？最想加強甚麼能力？
- **社會公義：**在相同的情況下，每個組員都有不同的經歷，嘗試觀察和理解不同社群的處境及感受：
  - Facts：你是做哪個角色的？過程中遇到甚麼狀況？
  - Feelings：你做自己的角色時有甚麼感受？
  - Findings：你發現這個社群有何需要？
  - Future：未來你會用甚麼態度去與他們相處？

## 變奏

以限制部份身體功能的形式，也可應用在本冊的其他遊戲玩法中。

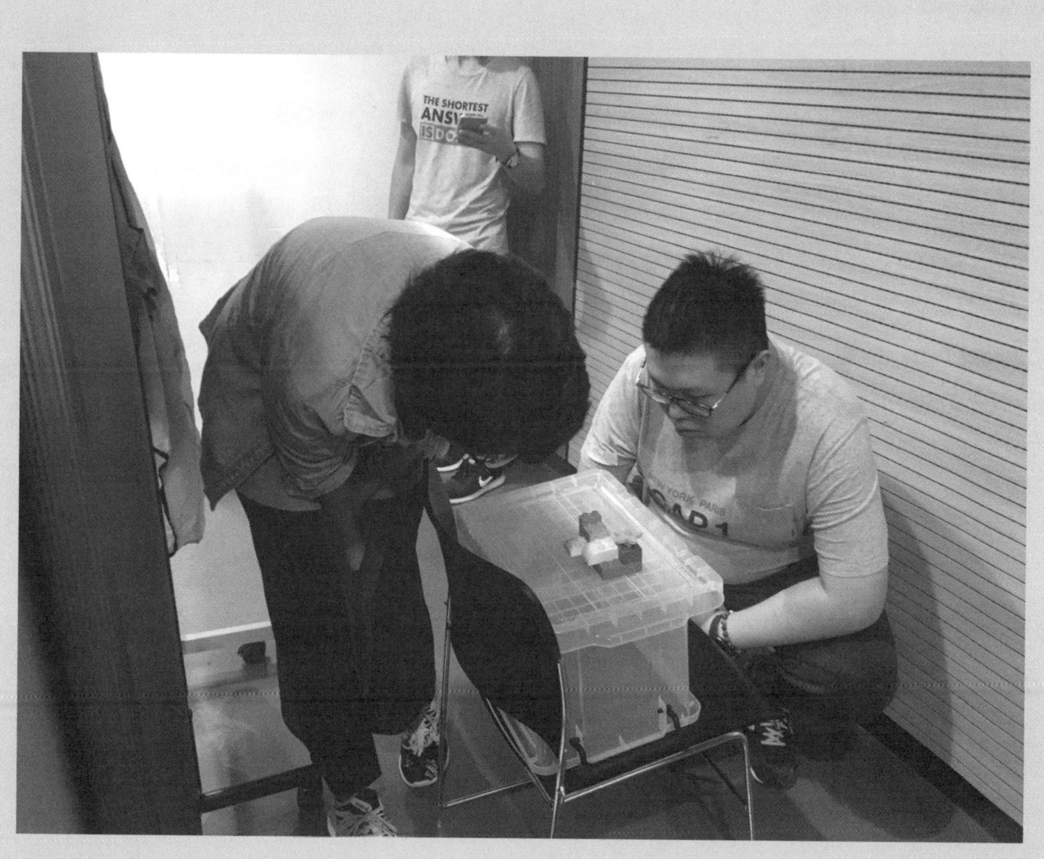

# Lb10. 重建高塔

## 執行須知

人數：4-8 人一組

需時：30 分鐘

物資：不同形狀的細積木(人多時宜用 DUPLO®)、拉尺

場地：每組圍桌子坐

參考：*Six bricks booklet; Activity booklet for LEGO® DUPLO®* play box, "Build a Tower" (p. 50)。

## 講解技巧

1. 小組在限時 10 分鐘內製作一座各組中最高的塔；
2. 高塔完成後，須在沒有外物和人力的支撐下屹立不倒，然後工作員用拉尺量度塔的高度（圖 1）；
3. 數三聲後，組員一起到別組大力拍桌子，測試是否穩健（圖 2）；
4. 若高塔倒下，給予時間組員討論並再搭建一個更穩固的塔。

## 帶領 / 介入技巧

- 開始前，工作員可給予組員足夠時間討論大家的分工；
- 間接介入：以提問引導——「是甚麼力學原理令你的塔更堅固？」、「你們是如何分工的？」；

## 解說技巧：主題與提問

- **團隊合作**：有溝通及共識才行動：
  - Facts：如何協商建成這個塔？
  - Feeling：商量過程中有何感受？意見不同時又有何感受？
  - Findings：如何協調不同人的意見？你如何計劃？有沒有改變計劃？
  - Future：如何可更好地處理不同的意見？
- **STEM 思維**：如何以不同的力學原理來確保所建的塔是最高和最穩的，容許組員觀察別組的做法。

## 變奏

- 增加趣味：搖動珍珠板或把風扇移至不同小組，進行「颱風壓力測試」；
- 增加難度：要求塔身建有門窗，又或指定某形狀的積木置於塔頂；要求每塊積木只可覆蓋 2 點；
- 競賽成份：把塔安裝在四輪的積木上，再派兩位代表由起點推動到終點；
- 限制物資：每人隨意取十塊積木，建構一座最高的塔；

- 增加跑動：組員聚集於房間某一角落，每次派一位組員跑 / 爬 / 倒後行到另一角落去砌一件積木，要在限時 5 分鐘內砌一個最高的塔。開始前，讓組員討論搭建的策略及分配積木的次序。
- 傷殘角色：限制某些組員只准用左手或右手。

# Lb11. 青馬大橋

## 執行須知

- 人數：4-8人一組
- 需時：30-45分鐘
- 物資：大量細積木 / DUPLO® 積木、藍色A4紙
- 場地：每組安排兩張桌子
- 參考：*Six bricks booklet*; *Activity booklet for LEGO® DUPLO®* play box, "Bridge Build" (p. 52)。

## 講解技巧

1. 限時內，用積木製作一條橫跨「河道」的橋；
2. 大橋完成後，需在沒有外物和人力的支撐下屹立不倒，並進行重力測試，看看能承托多少物件；
   - 細積木版：「河道」為一張藍色 A4 紙，重量為一部手機；
   - 大積木版：「河道」為兩張相距 30cm 的桌子 / 椅子，重量為一罐汽水 / 零食 / 一本書。

## 帶領 / 介入技巧

- 若組員是年紀較小的兒童，可在開始前與他們一起討論天橋的樣子以及它有何功能；
- 開始前，可給予組員時間討論及設計，數分鐘後才派發積木；引導討論方向包括：
  - 你如何量度該長度下所需的積木數量？
  - 如何令這條橋穩固？如果超重怎辦？
  - 如何令這條橋更長及更輕身？
- 開始前要說明負載的重物是甚麼，接近完成時才把重物交給組員測試，如橋樑出現塌下的危機，應給予時間維修；
- 若有哪些小組能成功完成任務，負載的汽水或零食判歸該組，作正面強化。

## 解說技巧：主題與提問

- **團隊合作**：分工及各司其職：
  - Facts：剛才你負責甚麼角色？是否所有人都有參與？
  - Feelings：清楚 / 不清楚自己的崗位時有何感受？大家對成果感到有多滿意？
  - Findings：大家各自做了甚麼令橋樑這麼穩固？剛才你們如何處理這麼多不同的任務？
  - Future：分工合作對我們有多重要？今次活動對我們在分工上有何提醒？

• **人際溝通：**

以橋的兩端比喻兩個角色，思考需要甚麼元素才能維繫雙方的關係，如：社交小組中的組員和朋友、親子小組中的家長和孩子、伴侶小組中的另一半。

## 變奏

- 增加難度：因應能力來調節規則，如：指定大橋的長、闊、高或承托能力；
- 運算思維：如船要在橋底通過，組員必須計算橋底是否有足夠的空間；
- 限制物資：用愈少積木的組別取得愈高的分數；
- 競賽元素：每組分發的積木數量一樣，但重量測試時容許組員把物品由輕至重逐件慢慢放到橋上，能承載最重的組別為勝。

# Lb12. 協作大橋

## 執行須知

- 人數：4-6人一組
- 需時：30-45分鐘
- 物資：每人1包Window Exploration Kit、每組1個乒乓球
- 場地：每組圍著長桌子坐

## 講解技巧

1. 每位組員負責搭建大橋其中的一部份路段，最後把球成功運送到目的地；
2. 各路段建成後，不可用積木連接一起（圖 1）；
3. 球滑行時，組員不可觸碰大橋及球（圖 2）；
4. 建設時不可觸碰別人路段，任何更改只可由負責組員自行完成。

## 帶領 / 介入技巧

- 簡單展示路段的組成部份，包括：橋面、橋身、橋墩，限定橋面必須用指定積木完成，讓組員更容易跟隨，同時有空間去創作；
- 指定由哪位組員負責大橋部份的順序，讓其他組員明白互相之間需更多協調；
- 過程中留意各組的進度，適時鼓勵組員嘗試放球到橋上，再修改橋身；
- 建議組員與大橋合照或拍片，增加成功感及記憶。

## 解說技巧：主題與提問

- **自我管理**：不直接指示組員討論和搭建的時間會是多少，之後才反思應如何分配時間討論計劃、執行、測試及修改：
  - Facts：你們用了多少時間討論及建築？除了討論及建築外，還做過甚麼？
  - Feelings：時間快到但仍未能完工，心情如何？
  - Findings：如何分配時間才可達到最佳效果？
  - Future：日後在時間管理上，有甚麼事想提醒自己？
- **團隊合作**：每位組員都有自己負責的部份，感到對任務有貢獻，也明白需要互相協調修改才能完成任務，學習共同解難：
  - Facts：過程中做了甚麼令球可以從各自獨立的路段順利到達終點？你有作了甚麼讓步？
  - Findings：分工與合作有甚麼差別？
  - Future：如果要把大家共建的這條橋延長，可以怎樣做？

- **經驗反思**：以橋比喻作小組的發展歷程，組員一起互相定義不同路段所代表的時間，然後把旗桿放置到該幾個位置，標示出小組最關鍵、最深刻或曾發生特定事情的時間點。

## 變奏

- 連結別組：如分組後有多於兩組，可以在第二回合時將所有橋組合成一條大橋，每組只可修改自己的路段，增加各組組員之間的交流；
- 時間分配：分開討論及搭建時段，討論時段不可作任何搭建及更改大橋的動作，搭建時段組員之間不可溝通，組員認為有需要時，須取得共識後才一同由搭建時段轉回討論時段，帶出計劃溝通及動手實行的概念。

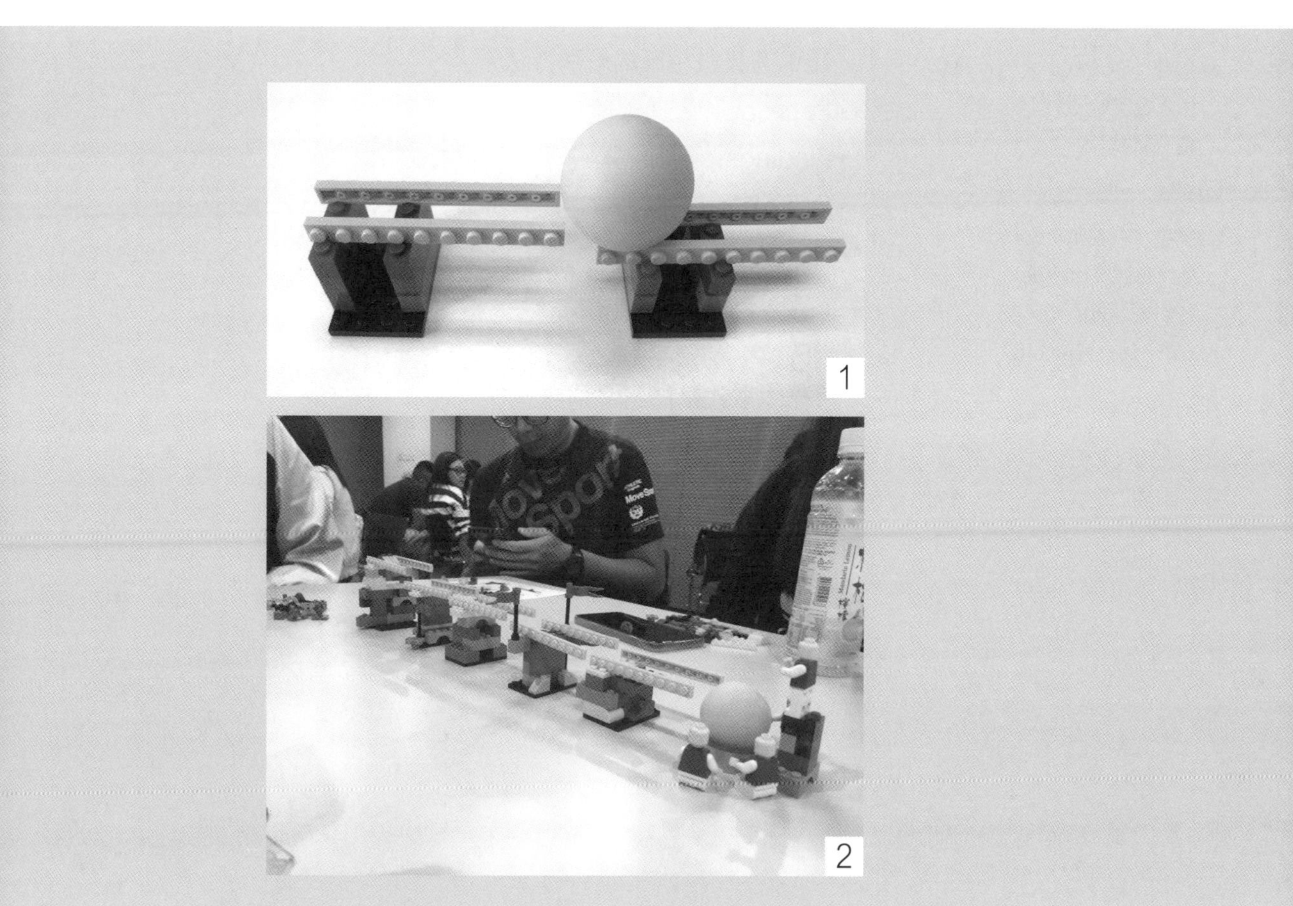
1
2

# Lb13. 降落傘

## 講解技巧

1. 每組獲發相同物資，組員為人偶創作安全傘；
2. 從高處投放人偶，人偶著地後能保持站立為成功。

## 帶領 / 介入技巧

- 容許人偶底部增加底板 ( 如：2 x 4)，底板愈大愈容易站立；
- 引導組員討論如何增加人偶著地後成功站立的機會；
- 提示組員盡快試驗安全傘，以便找出問題去修正。

## 解說技巧：主題與提問

- **合作解難**：總結成功及失敗的經驗，從中學習，想出解難原則：
  - Facts：要令人偶安全著地，需要注意哪幾方面？不同的問題會有甚麼相應的解決方法？
  - Feelings：人偶著地時的感受如何？
  - Findings：解難過程中需要甚麼能力？
  - Future：下次遇到難題時，你會如何處理？

## 變奏

可用積木取代繫降落傘的繩。

## 執行須知

人數：4-6人一組

需時：20-30分鐘

物資：DUPLO® 人偶、數粒積木及其他材料（如：紙、繩、膠袋）

場地：圍圈坐

參考：*Activity booklet for LEGO® play box*, “Parachutes” (p. 23)、《舉一玩十》(p. 116)。

# Lb14. 積木塔

## 講解技巧

1. 每組組員輪流選一積木放到桌面上並疊高起來，如搭建一座塔；
2. 積木只可平面對平面，不可組裝在一起（圖 1）；
3. 積木放上了塔後，不可再拿下來；
4. 可選擇「Pass」（停止一輪），若全組人都「Pass」，遊戲到此為止（圖 2）。

## 帶領 / 介入技巧

- 由組員自行決定及討論是否需要重新搭建；
- 預留足夠時間醞釀小組動力，氣氛愈緊湊愈容易令人真情流露。

## 執行須知

人數：4-12 人一組

需時：15-20 分鐘

物資：不同形狀的 DUPLO®、衣夾（每人 1 隻）

場地：穩固的桌子

參考：《一團和戲》(p. 102)。

## 解說技巧：主題與提問

- **團隊合作：**假如塔身倒塌，嘗試從倒塌後各人的反應帶出如何平衡個人及小組之間的責任；
  - Feelings：何時感受最深？塔身倒下的時候會是甚麼心情？
  - Findings：你如何嘗試令這個塔穩固？為何好像只有令積木塔倒下的人要負責？
  - Future：積木塔倒塌對你來說有甚麼意義？生活中有否遇過類似的事情？
- **自我認識：**個人風格——較進取、冒險、觀望。
  - Feelings：可否說一下選擇「Pass」時的心情？
  - Findings：Pass 對你來說有何意義？是甚麼令你有這樣的選擇？
  - Future：在日常生活中有否遇過類似的情況？

## 變奏

- 增加難度：第一輪用慣用手，第二輪用另一隻手，第三輪用一至兩隻手指，第四輪用衣夾；
- 結對進行：改為 2 人一組，用細積木輪流完成；

- 限定物資：只提供 2 x 4 基本磚；
- 擲骰決定：積木為立方體，接觸桌面的面積並不一樣，擲出單數時要把長邊面向桌面，擲出雙數時要把短邊面向桌面；又或用擲骰來決定放置甚麼顏色的積木。

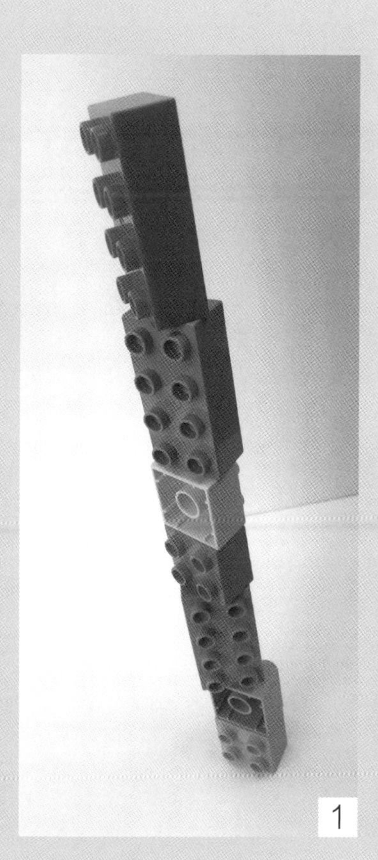

1

2

# Lb15. 走出迷宮

## 執行須知

人數：以個人或小組作單位皆可

需時：20-30分鐘

物資：每人/每組1包積木、1塊底板、1顆乒乓球

場地：不限

參考：*Activity booklet for LEGO® play box*, "Maze Fun" (p. 29)。

## 講解技巧

1. 組員在底板上以積木砌出迷宮，中間通道須能供乒乓球通過；
2. 組員提起底板以上下左右傾斜方式，令乒乓球在迷宮中滾動，並離開迷宮。

## 帶領 / 介入技巧

- 給予小組時間簡單討論，才拿積木動工；
- 負責設計的組員需測試通道是否順暢，以確定難度；
- 工作員可為迷宮加設特定條件，如：乒乓球需通過多少次彎角，未能成功者重新開始；
- 工作員可播放輕快音樂或加插倒數時間，令走迷宮的過程更緊張。

## 解說技巧：主題與提問

- **團隊合作**：分工合作、各司其職，欣賞其他組員的貢獻：
  - Facts：是誰提出這個結構？誰人最終拍板？
  - Feelings：你對結果感到有多滿意？
  - Findings：可否說說其他各人有何貢獻？
  - Future：你希望扮演其他角色嗎？
- **經驗反思**：在長期小組中，把迷宮的路程當作小組發展，或個人走過某段經驗的心路歷程，用不同的積木代表旅途上的里程碑和抉擇，從而在適當時刻引導二人一組去分享。

## 變奏

完成後給別組試玩再給予評價，但提醒測試時要小心，確保迷宮完整。

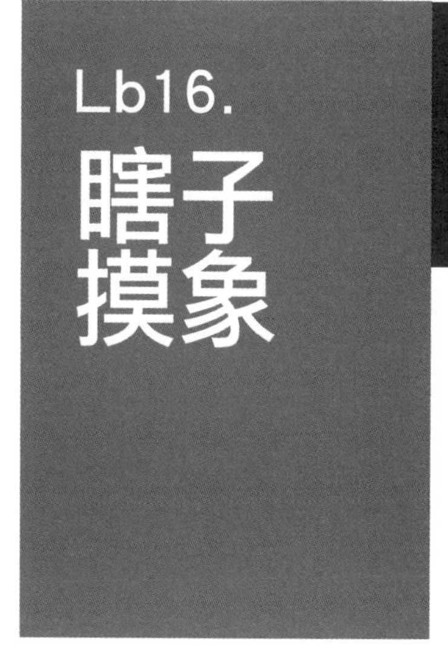

# Lb16. 瞎子摸象

## 執行須知

- 人數：2人一組
- 需時：30-45分鐘
- 物資：兩份 5-10粒不同形狀但相同組合的積木、眼罩
- 場地：桌子(令人更易掌控積木)、屏風

## 講解技巧

1. A 按自己喜好砌出模型，B 戴眼罩等待；
2. B 用手摸 A 砌出的模型後，工作員取走模型，並把一份積木放在 B 面前；
3. B 揭起眼罩，在限時 2 分鐘內，用積木重砌相同的模型。

## 帶領 / 介入技巧

- 開始前，工作員可給予組員足夠時間認識積木的形狀，如：示範簡單拼砌積木作引入；
- 開始時請組員保持安靜，留意自己與其他組員的情緒變化；
- 每輪都要設定限時，才可帶動情緒變化，並使之後的討論更豐富。

## 解說技巧：主題與提問

- **自我認識：**覺察不同事件帶來的情緒及感受。
  - Feelings：當出題時 / 等待時 / 摸模型時 / 重砌模型 / 限時快到時有何感受？
  - Findings：以前有發生過甚麼的事與你剛剛的感受是相同的？
  - Future：日後如果遇到類似情況，你會如何應對？

## 變奏

- 減低難度：
  - 工作員分派模型卡予 A，A 按指示砌出，B 以手摸模型，估出所屬模型卡；
  - 減少積木的數量。
- 增加難度：砌模型的過程要戴眼罩；
- A 砌完模型後，寫下模型的主題，B 重砌模型後猜出答案；
- 工作員給予題目（如動物、工具），由 A 砌出，使組員更容易開始創作。

# Lc 反思活動

樂高認真玩（LSP）的主要目標，是讓每位組員可以表達自己的想法，即使想法與別人非常不同，也能互相傾聽和理解，而不是要追求一個標準答案，這與帶領體驗活動的反思（reflection）或解說（debriefing）有異曲同工之妙。因此，下文會參考 LSP 的原則，說明用樂高積木來帶領反思的步驟和技巧，而社工和老師在運用時，可因應實際需要及小組發展階段，彈性調節。

## Lc0.1 樂高認真玩的核心過程（core process）

不同論者或會採用不同的形容詞來說明整個樂高認真玩的過程，但都離不開四個步驟：

| 本冊用詞 | LEGO®Serious Play®, 2010 | Blair & Rillo, 2016 | Kristiansen & Rasmussen, 2014 |
|---|---|---|---|
| 提問 | Challenge | Set challenges | Posing the question |
| 搭建 | Building phase | Build models | Construction |
| 分享 | Sharing phase | Share meaning | Sharing |
| 啟發 | - | Reflect | Reflection |

### 一、*提問*

工作員提出挑戰或題目，邀請組員在限時內用樂高積木搭建模型，以表達他們的想法或回應。其實，這種由工作員設定合宜題目的安排，對組員體驗反思的過程至關重要。綜合不同文獻，優質的題目具備以下的條件（LEGO®Serious Play®, 2010；Blair & Rillo, 2016）：

- 清晰：

  組員對題目的用字耳熟能詳及充份理解，可以避免他們在開始搭建後有任何分歧（Hayes, 2016），並確保他們能用言語表達意念、解釋模型中的意思；

- 切身：

  建基於工作員對該社群、專業或處境的認識，找出一些組員關心並能切合需要的題目；

- 啟發：

  有系統且能激發創意，具有豐富的想像空間，甚至需要組員用一些非日常的方式去思考，例如：對於一些尚未發生的場景、希望、夢想所產生的經驗、特徵、恐懼、想法和想像，而不是硬事實和具體知識；

- 開放：

  敞開懷抱，而非要求標準答案，鼓勵開放式反思和對話；

- 多元：

  促進組員分享不同觀點或多個解決方案，有助於組員和團隊的發展。

假如跳過「提問」這一步，組員會不知道搭建模型的目的而變成自由遊玩，也會欠缺方向和目標，甚至會感到不安。即使成功搭建了模型，組員也沒有太多東西要去討論和交流，更難以有新的想法冒出來。這會變成類似「遊戲治療」的工作手法，工作員只可以從旁觀察兒童自由遊玩過程中所呈現的情緒和習慣再作出介入。

## 二、搭建

組員用樂高積木來應對提問，通過隱喻、修辭和故事，為模型賦予意義。對於一些未準備好如何表達、不善於用言語表達的組員來說，這段時間和空間是個人單獨地用雙手去反思，釐清自己想法的機會，容易引用經驗和先備知識去解決問題，帶來更大的啟發。對於那些對玩樂感到沉悶的組員而言，這個搭建或許會為反思的過程帶來樂趣。

LSP 重視「人人搭建、全民分享」（Everyone builds, everyone tells）的原則（Blair & Rillo, 2016），工作員可在開始前提醒組員：

- 沒有所謂錯誤的答案，也沒有所謂錯誤的搭建方法；
- 模型的外觀並不重要，最重要的是組員可以通過模型去分享描述；
- 這是一個共同開展的聯想過程，以樂高積木的隱喻作為創意的靈感泉源；
- 組員喜歡說模型或零件代表甚麼就是甚麼；
- 動手思考（Hands on, minds on）：如果組員在開始時感到迷惘，工作員可立即鼓勵組員要相信自己的手，也要知道答案就在房間中，所以嘗試搭建會是求得答案的好方法。

工作員要為小組營造安靜而舒適的氣氛，例如播放輕鬆的音樂、提供足夠大的桌子以免組員間互相干擾，以及清空桌面雜物等，讓組員有空間組織想法，同時應提醒組員在個人的搭建時間中保持安靜，直至作品完成。

為推動組員深入探索主題，工作員可在組員每搭建模型的其中一個部份前，加插一個新的提問（如：改變人、事、地、物、時），然後請他們繼續搭建下一部份，直至作品完成。這樣的連續提問和搭建，可讓組員從多種角度對同一主題進行不同回合的思考，以產生更微妙的對話。

假如跳過「搭建」這一步，就會遇上日常帶領解說的一個毛病——欠缺思考的時間及空間。缺乏一個形象化的外物，組員會較難表達複雜的概念或難以言喻的情感，而參與分享的機會也會變得不太平均。

假如先「分享」再「搭建」，組員在分享時可能就要較多時間去思考，而且因為欠缺一個共同分享的基礎，內容也會較為空泛，甚至有機會因為他人的分享而阻礙了自己的想法，令分享之後的搭建只有記錄的功能，反而失卻了活動的意義。

## 三、分享

此階段的重點，是讓組員彼此分享手上模型的含意或故事，一同發掘當中的意義。分享的過程會為組員帶來反思，因為他們會更加仔細地探索自己表達的內容。其他人在聆聽時，也有機會更詳細地探索敘述者通過模型表達的內容。以下為分享過程中一些要注意的技巧：

- 開始分享時，宜邀請組員互相傾聽，尋找新思路：
  - 接觸一些新穎和獨特的想法時，宜擺脫平常的思維模式和束縛；
  - 尊重當事人的描述，任何人都不應評論觀點是「正確」或「錯誤」。
- 邀請組員把模型放在中央（Put your model centre stage），成為觀眾的焦點（Blair & Rillo, 2016）：
  - 組員分享時可將視線聚焦在模型上，減少和觀眾的眼神交流；
  - 邀請組員拿著長條形的積木或筆，從不同角度移動及形容模型；
  - 可像旁述的故事般介紹模型，有助聽覺、視覺和觸覺的交流；
  - 可像木偶大師般，栩栩如生地聲演對白和移動模型。
- 十目一心、耳聽八方（Listen with your eyes, as well as your ears）
  - 邀請其他組員望著分享者手上的模型，並以視覺圖像去理解分享者，工作員多點留意和讚賞組員的這些行為；
  - 組員開始離題時，工作員可請他盡量把主題回歸到模型上的零件；
  - 工作員宜幫助個別組員保存不同的觀點在腦海中。
- 工作員除了要預留足夠時間給每人都有分享的機會外，還要有一顆充滿好奇的心，讓組員感到工作員對他搭建的模型和講述的故事表現出興趣。
- 分享過後，工作員要問一些引導組員互動和思考的問題，同時容許其他組員提問，讓每人都能進一步及舒服地分享自身的想法，從彼此的觀點中學習。工作員還要持續不斷地提醒組員以下的禮儀（LEGO® Serious Play®, 2010）：
  - 多提開放式問題；
  - 指明模型某些部份的細節或詢問更深層的意義，如：顏色、形態、位置、距離等客觀事實（如：「條黑色天線，是否用來接收其他人的聲音？」這種問法，似有代搭建者把黑色部份理解成「天線」功能之嫌，應改為「後面的黑色東西代表甚麼意思？」）；
  - 模型屬於搭建者，其他組員不應發表自己的評論，更不宜代為演繹其模型及詮釋其故事；
  - 集中提問關於模型或分享的故事，而非針對個人或關係（如：「是甚麼原因令合作過程中愈來愈好？」這種提問和模型並無關係）； 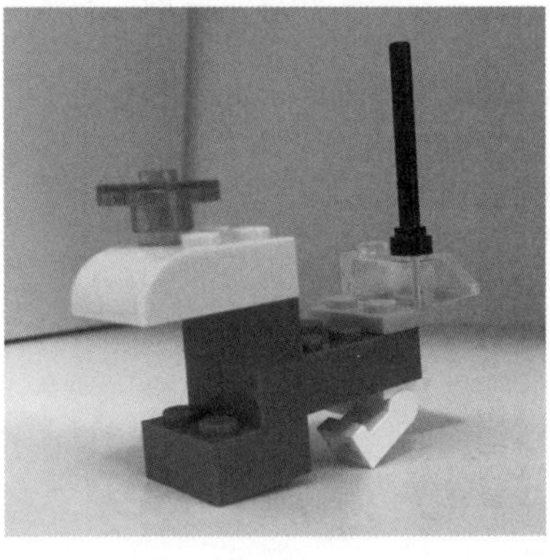
  - 友善待人，不挑釁，容許他人表達對某件模型的看法，即使認為該作品沒有意義。
- 最後，工作員必須接受和認同每位組員的貢獻。

這個分享過程有兩點好處：（一）使組員對全組人應對不同情況的方式有共同的理解；（二）內化組員一些新的想法，最終有助團隊就解決方案達成共識，或推動個人採取行動。

假如跳過「分享」這一步，組員不單會欠缺與人連結和產生共鳴的機會，也不能透過表達

（verbalization）去整理自己的想法，甚至因無法與其他組員交流和互相刺激下，帶動自己的成長或發展，令想法變得狹隘。工作員更難以評鑑組員是否達到活動的目標。

### 四、*啟發*

這個步驟是讓組員可以把他們新獲得的知識與想追求的東西聯繫起來。分享過程中，組員反思自己創造的東西並與其他組員交流，都是有助深入了解自己和探索有何得著。分享過後，工作員可與組員作出總結，例如：看見甚麼形態（pattern）、不同的模型或故事之間的異同，從而連結主題。如果用解説（debriefing）的説法，這個過程就是 4F 中由「發現」（findings）轉化應用到「未來」（future）。

沒有「啟發」這一步，只會使搭建樂高積木活動變成純粹的玩意，整個介入變得沒有目的，組員更沒有反思的機會。

## Lc0.2 搭建模型的層次及應用技術

Kristiansen & Rasmussen（2014）提出了七大應用技術，筆者結合 Blair & Rillo（2016）的三個層次上來協助讀者理解：

| Blair & Rillo, 2016 | | Kristiansen & Rasmussen, 2014 |
|---|---|---|
| **可達成的主題** | **三個層次** | **應用技術**<br>（Application Techniques, AT） |
| 場景（Scenarios） | 第三層：系統模型<br>（System Models） | AT5 建立系統 |
| 策略（Strategy） | | AT4 建立連結 |
| 願景（Vision） | 第二層：共享模型<br>（Shared Models） | AT3 創建景觀 |
| 創新（Innovation） | | AT2 共享模型及故事 |
| 團隊（Team Building） | | |
| 意念（Develop Idea） | 第一層：個人模型<br>（Individual Models） | AT1 個人模型及故事 |
| 價值觀與行為（Values and Behaviours） | | |
| 生命教練（Coaching） | | |

筆者在三個層次外新增一個「延伸轉化」來盛載餘下兩個應用技術（即：AT6 發揮作用和決策、AT7 提煉行動的指導原則）。

### 一、*個人模型*

這是 LSP 方法的基礎，每位組員都有相同的時間去單獨搭建模型，並把這個具體的想法分享給他人看見，讓他們可以用聽覺、視覺和觸覺的模式來增強溝通，其他組員則向創作者提問，促進互相理解。

## 二、共享模型

組員之間互相討論如何選擇部份或全部的個人模型，加以修改並結合成一個共享的模型，大家就一個主題，互相表達想法，創建共同的意義或統一的故事，達成共識。

從 LSP 的角度來看，共享模型並非組員之間一同討論後再建立一個全新的模型。因此 LSP 開發人員建議宜從個人模型開始，讓每人都有機會對模型作出回應，也確保各人的聲音得到聆聽。搭建共享模型並不止於找出各個模型間的共通點（LEGO® Serious Play®, 2010）。搭建過程旨在盡量找到更多的細節和小差異，因此極需工作員有技巧地引導組員表達想法。

Kristiansen & Rasmussen（2014）提出的第三個應用技術（AT3）為「創建景觀」（Creating a Landscape）。這是指在所有原始的個人模型保持不變的情況下，綜觀及概覽全局，分析各個模型之間的差異，然後按照主題定出的某些標準來排列，或以不同的距離和方向來顯示它們當中的關係。

## 三、系統模型

Kristiansen & Rasmussen（2014）提出的第四個應用技術（AT4）為「建立連結」（Making Connections）。這是建基於 AT3 的結果，以繩或管道來連接兩個或多個模型，或在兩個模型之間搭建一些新的東西出來（LEGO® Serious Play®, 2010），從而去講述一個聯繫的故事。

第五個應用技術（AT5）為「建立系統」（Building a System）。這時看得出多個模型連接時產生的漣漪效應或意外影響，有助我們了解系統的力量、小組動力和它對各個系統的影響，從而明白眾多因素是如何相互依存和影響的，因此也適用於共享願景時探索風險、機遇和應變策略（Blair & Rillo, 2016）。

## 四、延伸轉化

Kristiansen & Rasmussen（2014）提出的第六個應用技術（AT6）為「發揮作用和決策」（Playing Emergence and Decisions）。發揮作用（意外事件）和決策（可預測的事件）的作用，旨在從多個層面深入了解系統在某些情況下的反應，並制訂下一步的策略。

Kristiansen & Rasmussen（2014）提出的第七個應用技術（AT7）為「提煉行動的指導原則」（Extracting Simple Guiding Principles）。此技術旨在總結組員在搭建時所獲得的啟發、見解和教訓，從而開發簡單的指導原則，為之後所作的即時決策提供有力的支持。同時，可選擇重新搭建個人模型來作出總結。

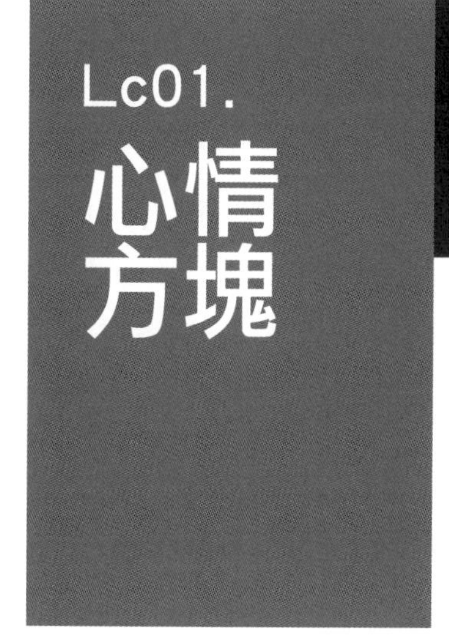




## 講解技巧

1. 先讓組員翻動積木，並強調有不同顏色及形狀供選擇；
2. 選一塊代表自己當下心情的積木。

## 帶領 / 介入技巧

- 工作員不應先為積木下定義（如：紅色代表「急躁」），會令組員失去想像；
- 建議在 30 秒內選好積木，時間太長會令組員失去動力或太多顧慮而無法選擇；
- 組員分享後，可邀請與其所選積木相近者分享，以帶出即使選擇相同也可能有不同的意思。

## 解說技巧：主題與提問

- **常規協約：**形象化地了解組員的狀態及心情；
  - Feelings：為何所選的積木能代表當刻心情 / 感受？
  - Future：可否選一塊代表對這活動的期望的積木？
  - Findings：自己的心情或期望，和這顏色或形狀有何關係？

## 變奏

- 2 人一組：形狀或顏色相同者同組，先作小組分享，有助組員建立共同感；
- 給予指定情緒，例如：選一塊代表自己最開心的積木，並分享為何有這樣的選擇；
- 分享過後，可以再選幾塊積木，代表自己更期待 / 希望改變的心情。

## 執行須知

人數：不限
需時：10分鐘
物資：不同顏色和形狀的積木
場地：不限
參考：《一呼百應》(p. 174)。

# Lc02. 共情測試

## 執行須知

人數：2人一組
需時：10-15分鐘
物資：每人1包積木
場地：不限
參考：《一呼百應》(p. 184)。

## 講解技巧

1. A 和 B 背對背，工作員提問（如：上一活動的感受），A 選出一塊最能代表這感受的顏色積木，然後握實包在手中；
2. B 猜 A 所選的顏色積木，也取一塊相同的握實包在手中；
3. 組員轉過身來面對面，同時張開手，看看所選是否一樣，然後再分享。

## 帶領 / 介入技巧

- 組員面對面時，工作員可指示雙方把手伸前，數三聲後一齊打開手掌，會增加期待的感覺；
- 二人同時打開手掌的一刻往往是最興奮的，而之後的分享更是重點，工作員可在期間營造競猜和愉快的氣氛，這比直接請組員分享可創造更多的話題；
- 工作員可在兩位組員都經歷過兩輪活動（即 A 選 B 猜和 B 選 A 猜）後，才一次過分享，時間上更有預算，但要留意有組員或會因有多項討論而未能集中分享；
- 先請猜方分享原因，再由選方分享回應，能提供角度更寬廣的內容，也讓組員有被關心的感覺。

## 解說技巧：主題與提問

- **反思感受：**顏色最能代表感受，以積木作工具，能有助分享者組織和表達內心的感受；尤其大家對不同顏色所賦予的意義，即使同一顏色，各人都可以有不同的理解；
- **同感共情：**無論是否猜中，也可嘗試從不同角度去觀察，並代入組員的感受：
  - Facts：有誰猜得中對方所選的積木？
  - Feelings：甚麼原因令你猜中？你在猜估時有何考慮？猜中後有何感受？
  - Findings：有誰是猜不中積木卻猜得中感受的？你們又有何體會？

## 變奏

改為猜估形狀，因顏色通常比形狀更易表達感受。

# Lc03. 神奇小鴨

## 執行須知

- 人數：2-6人小組
- 需時：10-20分鐘
- 物資：每位組員1包Window Exploration Kit
- 場地：圍圈坐

## 講解技巧

1. 小組在限時30秒內選5件積木並組合成一隻小鴨；
2. 組員分享小鴨的形態、動作、特徵；
3. 限時30秒內，在小鴨上增減最多3件積木，代表組員當刻的心情；
4. 組員分享改變了甚麼。

## 帶領 / 介入技巧

- 開始時，容許組員在限時30秒內翻開積木，讓他們初步認識積木，會更容易投入；
- 限時內限制積木的數量，營造緊張氣氛，可促使組員更快動手開始搭建；
- 強調沒有組合小鴨的唯一方法，讓組員知道這只不過是一個創作過程，並應尊重彼此的獨特性；
- 分享前訂下規則，如：先介紹自己的名字，再分享2-3樣有關小鴨的內容，引發基本的交流；
- 在增加積木到小鴨身上前，工作員可邀請組員觸碰小鴨，加強連結；
- 分享可先由二人結對，再介紹拍檔的小鴨給其他組員認識，逐漸增加互動，比直接由自己開始分享更易啟齒；
- 在小鴨改動後，請拍檔先猜出小鴨的哪一部份改變了，然後才由當事人分享，增加組員互動。

## 解說技巧：主題與提問

- **搭建技術**：每位組員接觸積木的經驗均有不同，創作經歷也不一樣，但大多按說明書去搭建模型，此活動有助建立使用積木的信心及技巧；
- **常規協約**：形象化地了解組員的狀態及心情；
- **聆聽觀察**：組員在猜估對方小鴨改變了哪一部份的過程中，工作員可帶出觀察力及用心聆聽的重要性；
- **自我認識**：各人的側重點都不同（形狀 / 顏色 / 形態 / 大小等），從中可認識自己的價值觀。

- **經驗反思**：每人砌一個動物來代表自己在組內的角色，再把個人模型放在一起，創建景觀（AT3），思考自己的位置及投入程度，亦可用不同管道來建立連結（AT4），以顯示不同組員間的關係。

## ⇄ 變奏

- 不同動物：鴨子是常見的家禽，容易讓人聯想到它有何特徵，搭建時會較易上手；留意小組的處境及文化禁忌來決定搭建甚麼東西，如可以改為組員認識的動物；
- 在砌完小鴨後，再砌小鴨以外的任何動物；
- 減低難度：若組員是小學生，需要延長搭建時間。

# Lc04. 我的情緒

## 執行須知

- 人數：2-6人一組（多於一組）
- 需時：30-45分鐘
- 物資：My First Emotions DUPLO® #10861（每組1套）、情緒字卡
- 場地：圍桌子坐
- 參考：《一齊玩斗》(p. 77)、Thomsen (2018)、*Thera-Build® with LEGO®*。

## 講解技巧

1. 先按盒面所示搭建出四個人像，並為各個表情的積木命名（圖 1）；
2. 情緒大電視：每組抽出情緒卡，以積木搭建反映該情緒的人像，讓其他組猜估（圖 2）；
3. 下回合，搭建完成後，先展示人物的身體部份，若其他組未能猜中，才再展示表情；
4. 雙面故事：抽出事件積木（如：想玩的玩偶完整和破掉），分別用積木搭建不同結果下的人像，並分享主人翁的情緒（圖 3）；
5. 請一位組員分享一件令他印象深刻的事件，只需說出經過，不用說出當中的感受，分享後暫離小組，其餘組員討論分享者的感受並搭建人像，與當事人分享結果（圖 4）。

## 帶領 / 介入技巧

- 情緒卡宜用純文字，難度要循序漸進，建議第一輪用：開心、傷心、疲乏、憤怒等，同時直接用積木已有的表情來表達；第二輪可用：失望、興奮、擔心、挫折、沉悶、羞愧、妒忌、恐懼等較複雜的情緒；
- 這套積木的顏色鮮明，容易聯想到用哪個情緒去分享；
- 留意組員是用「我」、「你」、「他」來代入模型去表達；
- 不同的組員對介入情緒的工作手法各有感受，有些人對繪畫感到困難、有些人對戲劇感到尷尬、有些人不善於直接用語言分享、有些人覺得用情緒卡選擇有太多的規範。使用樂高積木的好處是讓人把自己的情緒外化，對社交上有困難的組群，效果尤其顯著；
- 由遠而近：由外在到自身的事件，循序漸進，加強了小組的關係和深度，有助建立良好的討論氣氛。

## 解說技巧：主題與提問

- **同感共情：**組員說出事件後，其他人感同身受，令組員更接納自己的情緒：

- Facts：遇到相同事件時，你會有甚麼行動或反應？
- Feelings：你的感受如何？
- Findings：當聽到其他人對所説事件有相同或不同感受時，你有甚麼體會？
- Future：你會如何和這些情緒共處？

- **自我認識：** 讓組員認識事情、身體動作及表情與情緒的關係；加入猜估的部份，工作員可帶出同一動作和表情可能代表不同的情緒。同一事件（activiating event），也有機會反映不同的情緒，有助多角度地認識自己的認知和行為：
  - （Belief）：對這件事有何自動的想法？
  - （Consequece）：這個想法為你帶來甚麼感受？
  - （Disputation）：有甚麼證據支持 / 反對你這想法？
  - （Effects）：有沒有其他更有效的想法？其他人又會如何想？

## 變奏

- 分享事件：以組員常見的事件或社會情況為背景作討論分享；
- 發揮作用和決策（AT6）、提煉行動的指導原則（AT7）：請組員搭建兩個模型代表事件前後的感受，互相比對，以表達情緒的變化及發掘如何應對改變。

Build Me Emotions-Teacher Guide

Mood Monster

1

2

3

4

# Lc05. 角色地圖

## 執行須知

- 人數：4-6人一組
- 需時：30-45分鐘
- 物資：每人1包積木
- 場地：圍坐
- 參考：《一呼百應》(p. 201)。

## 講解技巧

1. 組員為自己及其他組員創作相應數量的模型，來代表每人於小組中的角色；
2. 以各模型間的位置、距離、面向來代表他們之間的關係，並形成小組動力地圖（Sociogram）；
3. 請組員選擇另一位值得信任的組員，以兩人一組的形式，互相用這地圖分享小組的情況；
4. 回到小組分享時，邀請他們互相猜估其他人手上的地圖中哪一個模型像是形容自己。

## 帶領 / 介入技巧

- 建議每個模型使用 2-4 塊積木，讓組員可以集中最具代表性的部份，以及縮短搭建模型的時間；
- 工作員可直接把活動分為三部份：創作模型、安放位置、分享，並按順序作簡介，讓組員更容易集中於某部份的任務；
- 有時組員會對小組的關係議題難以啟齒，二人一組的形式，有助組員更放心和坦誠地分享對小組發展的看法；
- 假如分享的內容為組員對其他組員的觀察及感受，大家未必能暢所欲言，工作員可於分享部份再細分成 2-3 人小組，會更易建立組員間的互信。

## 解說技巧：主題與提問

- **組織領導：**分析小組動力，包括：角色、關係、發展，對於長期或事工小組來說，尤其合宜：
  - 模型代表哪位組員？模型有甚麼特徵？
  - 模型之間的距離代表甚麼意思？
  - 各個代表某一位組員的模型中有何共通點？
  - 你期望模型及其位置之後會有甚麼改變？如果想模型距離改變，你會做甚麼？

## 變奏

- 創建景觀（AT3）：每人先做一個代表自己角色的模型，再通過討論距離、面向等內容，創造小組動力的景觀。
- 發揮作用和決策（AT6）：工作員可按小組目的，假設某些事件發生，請組員分享想像，如：有組員退出，對各模型及位置有何影響？

# Lc06. 魔法精靈

## 執行須知

- 人數：2-6人一組
- 需時：30-45分鐘
- 物資：每人1包積木
- 場地：圍坐
- 參考：《一呼百應》(p. 195)。

## 講解技巧

1. 請組員各自搭建一個魔法精靈，「魔法」是指期望組員分享的題目（如：可令團隊的表現更好的精靈、可解決自己當前難題的精靈）；
2. 精靈身上擁有不同的零件，代表不同的特質及元素；
3. 組員輪流分享模型的特徵。

## 帶領 / 介入技巧

- 若組員使用積木的經驗較少，可在開始前，給予組員模型卡，讓他們照圖樣搭建其中一個模型，不用憑空想像就有基本的製作方向，再從模型中更改成題目要求的精靈；
- 開始前，明確讓組員知道之後須按模型分享，可使他們更專注；
- 分享的題目應是保持正面態度或尋找解決方法之類，避免組員只專注問題及不滿；
- 讓組員有更多的互動，如：按模型提問，會令分享更有活力；
- 工作員適時複述組員的重點（paraphrasing），會讓組員感到説話被聆聽；
- 組員輪流分享，有助提供不同角度的觀點。

## 解說技巧：主題與提問

- **組織領導：**組員分享時專注於説明模型的特徵，有助輕鬆而安心地提出小組要改善之處；
  - 這精靈叫甚麼名字？
  - 它有甚麼超能力？哪個部份最展現出這些能力？
  - 這些能力可如何針對我們小組的情況而使合作更理想？
  - 有誰覺得自己或某位組員有潛質在下個活動中擴展這些能力？

## ⇄ 變奏

- 對小朋友而言，精靈比較難想像，可嘗試請他們思考 Pokemon 的精靈，又或先由一個動物開始砌起，再賦予這個動物能力；
- 物料選擇：可提供更多材料，如：紙張、棉條等；
- 建立連結（AT4）：用管道把一些類似或互補的能力連結。

# Lc07. 別樹一塔

## 執行須知

- 人數：4-6人一組
- 需時：30-60分鐘
- 物資：每人1包積木、4張Post-it紙及1支筆
- 場地：圍桌子坐

## 講解技巧

1. 組員各自在黑色底板上搭建一座高塔，其餘部份自由創作；
2. 每人輪流用 30 秒精準地分享模型的特色；
3. 分享後，組員記下自己曾經說過的 3 個關鍵詞（建議他們加「#」，說是 hashtag）（圖 1）；
4. 組員間互相競猜對方的關鍵詞，猜中得分，高分者勝（圖 2）。

## 帶領 / 介入技巧

- 定下簡單的建築要求（如：人像在塔頂），讓組員有目標可依而更安心去創作；
- 引導指令：先按每一步的要求，再砌高塔，然後做討論，引導組員慢慢反思；
- 要求必須用盡限時去分享，確保每人有機會練習說故事及以積木做比喻的技巧；
- 要求組員於分享時用長條形的積木來指出模型的相應部份（如：顏色、形狀），確保不會離題；
- 運用 Post-it 紙，可確保組員記下自己講過的內容，增加專注力；
- 競猜爭分：讓組員在其他人分享時能夠保持輕鬆心態和專心聆聽；
- 給予提示：提醒組員如別人遲遲未能猜中關鍵詞，可分階段給予提示，如：收窄範圍、指出某個零件。

## 解說技巧：主題與提問

- **創意思維**：在相同的資源及要求下，每人都可創造出不同的結果；
- **人際溝通**：如何表達才能令人留下深刻的印象及有效地聆聽；
- **團隊氣氛**：每位組員都可以有自己的想法，以及均等表達的機會，而且不會挑戰他人的想法；
- **自我認識**：搭建一個塔來表達自己的專長 / 能力，從中可看見自己的習慣，再以問題引發思考 / 拼砌的原因，則可看見自己追求的原則。

## 變奏

- 建築要求：加入組員自己的風格（自我認識）/ 服務對象的特色；
- 創建景觀（AT3）：可把各人的塔放在不同的位置，思考這個專長對某件事情或組織有何貢獻和重要性；
- 面對極度興奮的青少年組員，可加入叮叮鐘，讓他們鬥快搶答。

1

2

# Lc08. 掙扎一刻

## 執行須知

人數：不限

需時：30-45分鐘

物資：每人1包積木及1塊底板

場地：圍桌子坐

參考：Thomsen (2018), *Thera-Build® with LEGO®* (p. 92)。

## 講解技巧

1. 組員各自在底板上搭建一個代表自己感到掙扎處境的模型；
2. 以下述的誘導提問，讓組員回想這個處境，並思考其他的回應方式去讓結果變得更好；
3. 組員用積木改變手上的模型，以代表新的回應方式。

## 帶領 / 介入技巧

- 可請組員為不同階段的模型拍照作紀錄；
- 給予組員足夠時間思考當時的掙扎及製作模型；
- 分享和搭建可以交替進行，讓想法更清晰和具體。

## 解說技巧：主題與提問

- **自我認識**：使用認知行為介入法，發展更健康的方式去回應不同的情緒：
  - Remember：回想當時的情況是怎樣的？
  - Feel：當時你有何感受？
  - React：你當時如何反應？你在說甚麼？及做甚麼行為？
  - Outcome：如果再來一次，你會如何做去令結果變得更理想？

## 變奏

建立連結（AT4）及建立系統（AT5）：提供更多底板，讓組員可以呈現不同反應下的結果，並用管道進行連結。

# Lc09. 即興故事

## 執行須知

人數：不限

需時：10-30分鐘

物資：大量不同顏色和形狀的細積木和DUPLO® 積木

場地：在場地各個角落準備不同的桌子供放置積木

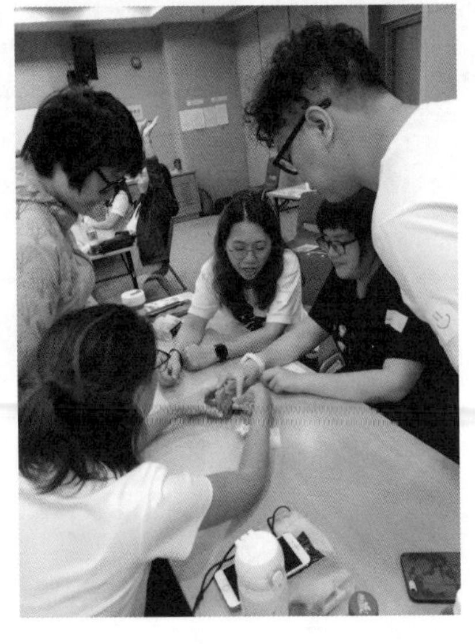

## 講解技巧

1. 請組員建構一個簡單的場景（如：學校、動物園、交通工具內部）作為故事背景，並略作介紹；
2. 請組員為場景加入角色及與其有關事件的過程（如：老虎出現於學校時會發生的事）；
3. 請組員介紹事件結局、相關人物的感受或體會。

## 帶領 / 介入技巧

- 故事結構可簡單分為開始、過程、結尾三階段：
  - 開始是環境、人物；
  - 過程是事件、問題；
  - 結尾是事件結局、感受、體會。
- 三階段只是為故事提供基本的架構，工作員在過程中的角色是協助組員發展故事；
- 活動採互動形式，以鼓勵組員表達為原則，工作員可視情況介入並提供新故事的元素，如：加入角色、事件；
- 此活動沒有明確的完結時間，工作員可與組員協議一個固定時間，如 20 分鐘後開始收拾桌面的積木。

## 解說技巧：主題與提問

- **經驗反思**：把組員在活動中出現的不同反應呈現出來；
- **自我認識**：留意自己在不同事件的反應：
  - Facts：發生了甚麼事件？
  - Feelings：你在不同事件中有何感受？
  - Findings：平日你都是如此反應的嗎？有何事例或體會？

## 變奏

- 發揮作用和決策（AT6）：活動的主題也可定為認識和熟習特定事件，如：購物、坐船、秘密，讓組員了解自己在不同事件中的狀況及反應；
- 把整個過程攝錄成故事短片。

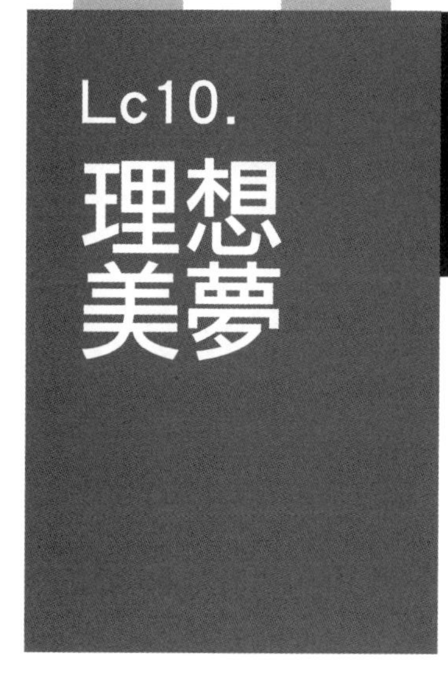

Lc10.

# 理想美夢



## 講解技巧

1. 組員搭建代表自己理想狀況（如：假期）的模型；
2. 完成後分享模型；
3. 邀請下一位有相近元素的組員一起分享。

## 帶領 / 介入技巧

- 工作員需強調模型所代表的是愉快假期元素，而不是要搭建特定景點；
- 活動前給予組員足夠時閉目思考，或回想最近的愉快假期經驗；
- 引導分享時，可邀請其他組員猜估或提問不同部份代表的是甚麼。

## 解說技巧：主題與提問

- **自我認識**：了解自己的渴求及反思假期或旅行的意義：
  - Facts：假期最想做甚麼？去甚麼地方？想和誰在一起？
  - Feelings：這樣子度過你的假期有何感受？上次有類似感受的時間？
  - Findings：這反映你有何喜好或習慣？
  - Future：你覺得最快會是何時才再有這樣的假期？你要如何做才可達到？
- **社會公義**：搭建理想的社區設施 / 環境、社會或政府，之後再創建景觀（AT3）、建立連結（AT4）及建立系統（AT5）——把大家對社區的願景放在一起，可連結不同的模型和持分者，檢視社區的動力，以思考未來的倡議策略。

## 變奏

- 對成人組員而言，假期是一個適合聊天的話題，容易引起共鳴，但分享時留意不同社經地位的組合；對青少年組員而言，搭建的主題可以是愉快的校園生活、比賽經歷、夢想、理想的朋友、成功經驗等，會更切合組員的需要。

## 執行須知

- 人數：不限
- 需時：10-30分鐘
- 物資：大量不同顏色和形狀的積木
- 場地：圍桌子坐

# Lc11. 你我他

## 執行須知

人數：不限

需時：60-90分鐘

物資：大量不同顏色和形狀的積木

場地：圍桌子坐

## 講解技巧

1. 搭建一個模型，代表你自己在這團隊中的身份，包括你為這團隊帶來了甚麼？你還可再帶來甚麼？也可想想搭建一個模型，代表你可為我們貢獻的潛能；
2. 搭建一個模型，代表你心目中認為別人如何看待你；
3. 引導組員按以下提問方向跟大家分享。

## 帶領 / 介入技巧

- 留意小組發展階段，確定組員之間有足夠的信任後才進行此活動，尤其適用於最後一節；
- 給予組員足夠時間搭建，如遇到困難，可容許他照照鏡子或翻看自己的社交媒體平台，以尋找創作靈感；
- 輪流分享：給予每人足夠的時間分享及回應。

## 解說技巧：主題與提問

- **自我認識：**讓各組員認識自己眼中和別人眼中的自己，概念與 Johari Windows 接近：
  - 自己看自己（自我形象）：
    - 大家猜猜他為何會這樣形容自己？
    - 是甚麼令你會這樣形容自己？
    - 引導組員詢問：圖中的不同部份對組員來說有何意義？
  - 別人看自己（人際回饋）：
    - 你為何會以這些積木來形容別人對你的想法？
    - 問其他組員：哪些零件象徵你對他的想法？

## 變奏

題目可改為自己及別人如何看待所屬的組織。

# Lc12. 回到未來

## 執行須知

- 人數：1人
- 需時：30-45分鐘
- 物資：多款不同的積木
- 場地：較大面積的空間
- 參考：《一呼百應》(p. 189)。

## 講解技巧

1. 請組員搭建一個模型，代表工作或生活上的目標（圖 1）；
2. 再請組員以人仔積木代表自己，安放在一個與模型相距的位置，代表自己與目標的距離，並分享原因（圖 2）；
3. 請組員分享步向目標的動力及所作的嘗試；
4. 請組員分享自覺步向目標的行動及需克服的挑戰。

## 帶領 / 介入技巧

- 釐清目標：了解組員希望達到目標的原因，從而協助他澄清自己的想法，增加行動力；
- 放下固有想法：以人仔積木代表組員，幫助他跳出自己的身份；
- 尋解導向：請組員多分享應對或改變的方法，協助自己克服挑戰，同時檢視身邊已有的相關資源；組員前後移動，能把評量問句具體地呈現出來，可助組員思考達成目標的具體策略和行動；
- 建立信心：請組員回想過往成功應付困難的經驗，發掘更多可能性。

## 解說技巧：主題與提問

- **自我認識**：引導組員思考自己在安舒區邊緣的掙扎：
  - 請你介紹一下你的目標？是否真的這麼重要？
  - 你自己身在甚麼位置？
  - 哪些零件是幫你改變的助力、資源或盟友？
  - 甚麼零件是你的包袱 / 障礙，令你未能前進？
  - 你打算採取甚麼行動去令你接近這個目標多一步？
- **組織領導**：題目改為對團隊或組織的共同願景。

## 變奏

- 對小學生而言，「設定目標」會較抽象，可用更具體的字眼，如：升中學後，有甚麼想做？

- 搭建另一模型來代表組員的性格、強項、特質，因人仔積木代表的意思很有限；
- 創建景觀（AT3）：先進行 Lc07. **別樹一塔**，在進行本活動時，把塔放在自己和目標中間，反思塔中提及的能力在何時會大派用場，幫助自己邁向目標。
- 建立連結（AT4）：先進行 Lc08. **掙扎一刻**，反思在走出安舒區前的焦慮，再進行本活動，用管道去連結目前的焦慮與未來的目標，反思兩者有何關係。

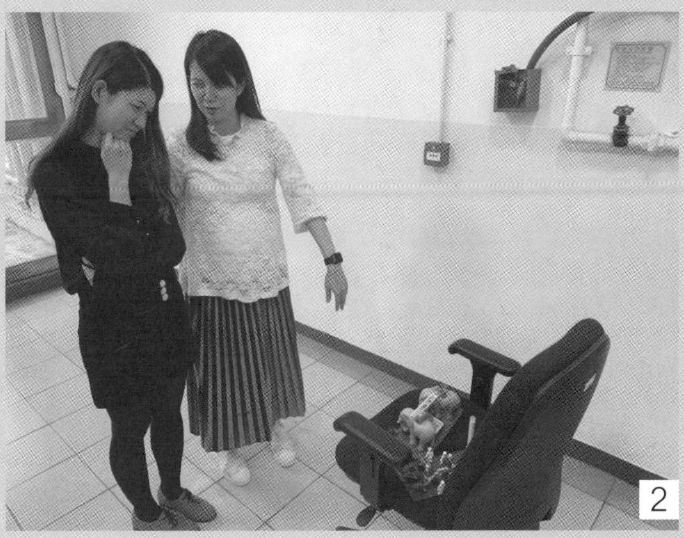

# 應用篇

# L4
# 當樂高積木遇上家庭

孫嘉琪

很多人在成長過程中都接觸過樂高積木。樂高積木除了是玩具外，亦是一個社會工作介入媒介。它的活動形式和內容並沒有特別的規限，最重要是介入的目標，以及工作員與組員的互動。本文主要分享筆者在支援特殊教育需要（簡稱 SEN），尤其是自閉症譜系障礙兒童及其家長的服務中，嘗試運用樂高積木作介入的經歷，並且講述筆者與組員之間的故事。

## 一切從積木夢工場開始

有兩個契機令筆者覺得樂高積木能與社會工作結合到一起。

第一個契機是 Nathan Sawaya 的「積木夢工場」展覽。美國有線電視新聞網（CNN）曾推崇它為世界十大必看的展覽之一。Sawaya 的創作並不局限於用積木搭建場景，而是透過積木呈現他對人生的看法、體會和反思。看著他的展品就好像在聽他訴說一個又一個的故事。筆者從沒想過積木可以是一種表達的語言。

另一個契機是樂高 Idea 的波子機（編號：21305）。這個波子機要求玩家協調左右手，巧妙地避過陷阱，將波子送到終點。筆者需要專注地尋找指定零件，並把它們放到指定的位置。，同時覺察到自己在搭建過程中感到很平靜和放鬆，沒想到這個過程是如此減壓。這些體會讓筆者浮現出一個念頭：樂高積木如此多變，可否將之與社會工作來一個結合？

筆者的服務對象是自閉症譜系障礙的孩子及其家長。這些孩子因未能好好解讀別人的想法而難以建立人際關係，加上他們固執的思維模式，往往令家長頭痛不已。很多家長把孩子的需要放在第一位，並且努力地進行家居訓練，卻忘記了自己也需要減壓，以及培養親子關係。「家長遊戲研究所」小組便是在這樣的情況下成立。筆者嘗試給家長試玩不同類型的桌上遊戲，讓他們純真地重拾遊戲的樂趣，而家長亦與筆者分享他們在遊戲過程中所得到的啟發：她們更明白孩子的感受，亦想到如何運用家中塵封已久的樂高積木，與孩子一起創作遊戲。這次的經歷驅使筆者將積木融入到現有的社交小組和家長講座中。

## 用積木來促進社交

筆者設計了一系列以積木為主題的家庭活動，讓孩子在社交過程中留意別人的想法、累積彈性思維的經驗。

阿梓就讀主流小學的四年級。他在同學面前常常直率地將自己的想法表達出來，而忽略了別人的感受。阿梓曾參加過「樂高積木親子購物團」及「樂高積木賽車王」活動，媽媽和筆者也很欣賞他在參與過程中的表現。



### *「樂高積木親子購物團」*

這個活動分為兩個部份：遊戲體驗及親子購物，目的是讓親子在製作樂高遊戲的過程中，體驗彈性解決問題及分門別類的重要性。

網上有豐富而免費的資源，講解樂高積木桌上遊戲的不同玩法及所需的零件，玩家不單可以靈活運用現成的零件，更可以隨意改動遊戲規則。在遊戲體驗部份，筆者先與組員試玩樂高積木《東方市集》(編號：3849) 及《公雞咯咯叫》(編號：3863)。阿梓在試玩完遊戲後表示覺得很吸引。筆者也為組員預備了一份零件清單，並與他們一同研究遊戲中最關鍵的零件。由於部份原裝零件未必有售，筆者便趁機讓組員考慮哪些零件可用其他零件取代而達到同樣效果，從而體驗如何彈性地解決問題。至於在親子購物的過程中，筆者與組員一同到店鋪，讓他們嘗試自行找出所需的零件。其間，筆者與家長運用此機會，引導他們的孩子留意店主以功能及顏色作分類，方便顧客尋找零件，以帶出分門別類的重要性。

在尋找零件的過程中，阿梓與其他組員表現興奮。筆者留意到組員之間會自發地互相幫助，分享零件位置的資訊。阿梓在這次活動中搭建了一個具個人特色的遊戲，同時在遊戲中加入了他喜歡的 Minecraft 元素。他還在作品完成後拍攝了一系列相片並向筆者介紹。總括來說，自製積木遊戲既為孩子帶來成功感，也加強他們向朋輩介紹自己的作品及主動邀請朋輩一同玩耍的動機。

### *樂高積木賽車王*

「樂高積木賽車王」是以家庭作為比賽的單位。每組的家庭成員需要完成不同的任務來獲取代幣，並以代幣 (token) 去「購買」不同的零件，然後合作搭建一架獨一無二的積木戰車。這裏所說的任務是指組員要在參與過程中，展現下列的期望行為才可獲取代幣：

| **期望行為** | | **可獲代幣數量** |
|---|---|---|
| 結果 | 達成任務的指定目標 | 1 |
| 參與過程 | 積極地參與 | 1 |
| | 耐心地等候 | 1 |
| | 禮貌地表達 | 1 |
| | 佔下風也不放棄 | 1 |

筆者刻意將「達成任務的指定目標」設定為只得 1 個代幣，而組員「在參與任務過程中所展現的正面態度」(如上述所列的) 總共獲得的代幣則明顯較多，原因是想營造「參與過程」比

「結果」更為重要的體驗。為了促進親子之間的互動，筆者會邀請家長運用「描述性稱讚」來欣賞組員的表現，並給予組員代幣。在這個活動中，每組需以代幣「購買」不同的零件，所以用「貨幣」形式的代幣會較為合適，社工亦可考慮在其他活動中運用積木零件作代幣。此外，由於上述過程主要由工作員決定何時發放代幣，所以社工需要反思在行使這些權力時，會否製造了一些不對等的情況。

在完成不同的任務後，每個家庭獲發一個四輪積木車的底板，然後輪流出來選取零件。由於部份零件數量有限，而且所需代幣數量不同，所以每組需要決定換取零件的先後次序。戰車製作完成後，每組需要派代表向所有人介紹它的特點。這是讓孩子累積經驗向別人介紹自己作品的好機會。各組介紹完畢後，筆者會展示賽道的起點和終點。每組需要調節發動戰車的力量，由起點駛向終點直至停下，而最接近終點者為勝。每組可以輪流測試賽道，並按需要修改戰車。到正式比賽時，每組有兩次機會，並計算最佳成績。

在這次活動中，筆者留意到爸爸們異常地投入，他們與孩子互相討論如何設計戰車。媽媽們則表示很久沒看到爸爸玩得這樣快樂。這個家庭活動結合了社交、計劃、執行及檢討的元素，但最重要的是建立一家人共同創造、玩得快樂的經歷。

阿梓的感想：

「我喺參加樂高積木親子購物團嘅時候覺得好刺激，雖然有啲麻煩，要自己拎零件，而且仲要用自己的錢買，但係咁樣可以感受到尋寶嘅樂趣。而且砌出嚟嘅積木都非常好玩！我參加完樂高積木賽車王之後，覺得非常刺激同埋好好玩，因為佢考驗你整車嘅能力，而且仲要對重心果啲資訊瞭如指掌。咁樣先可以砌到最好嘅車！」

## 用樂高積木説故事

樂高積木是輔助孩子説故事的好工具，除了可以讓孩子發揮創意，運用積木表達自己的想法外，還可讓筆者引導組員將積木製作成「四格漫畫」並融入執行功能（executive functioning）的訓練內。在製作的過程中，組員學習從計劃開始、分拆步驟、按清單製作，最後達成目標，並介紹自己的作品。

物資：

不同元素的積木零件、背景圖、相機、腳架、列印機、圖畫紙、雙面膠紙、想法泡泡及對話框貼紙

步驟：

1. 構思故事大綱：運用六何法，讓組員應用敘述故事的元素：時間（When?）、地點（Where?）、人物（Who?）、事情（What?）、原因（Why?）、發展 / 結果（How?）；
2. 設定人物：配合想法解讀（Theory of Mind），讓組員設定人物的衣著、飾物、表情和動作，以展示其想法及情緒；

3. 場景：引導組員思考該場景所需要的物品，預備背景圖片、道具等；
4. 搭建時間：當組員未能找到心儀的零件時，鼓勵他發揮創意及增加彈性，以其他零件取代；
5. 拍攝時間：在親子小組中，由家長負責拍攝孩子所搭建的場景；
6. 列印相片：把相片貼在圖畫紙，並在相片上加上對話框及想法泡泡，配合想法解讀，讓組員表達漫畫人物的想法及對白。

### *到校社交訓練小組及朋輩活動*

筆者舉辦的到校社交訓練小組，旨在提升組員的執行能力及想法解讀能力。在小組過程中，筆者會引導組員完成四格漫畫，而組員則可邀請一位同學出席以「四格漫畫展」為主題的朋輩活動。在熱身遊戲後，組員要向同學介紹自己所創作的四格漫畫。筆者觀察到所有組員對自己的創作都感到非常自豪，連平日害羞的組員也都表現得非常積極，甚至主動舉手，希望搶先向同學介紹自己的作品，他們的舉動，讓筆者及學校的教學助理都感到很驚喜。總括來說，這些四格漫畫提升了組員向同學分享的動機。

### *親子活動*

阿朗就讀主流小學的四年級，媽媽說他曾經很抗拒搭建積木，大概是因為他的視覺空間感很弱，因此閱讀樂高的建築圖紙對他來說十分吃力。阿朗亦知道自己的弱點，所以從來對砌積木的興趣不大，但這次活動後他對樂高積木改觀了。對一位自閉症譜系障礙的孩子來說，要扭轉已建立的印象難過登天，因此媽媽在看到阿朗的這個轉變時感到很驚喜。在四格漫畫的活動裏，阿朗不需要跟著建築圖紙搭建，過程中沒有對與錯，他所搭建的模型全是他心中所想的，這個安排鼓勵了阿朗一改以往抗拒積木的態度。這次親子創作四格漫畫的活動中有另一個驚喜，就是阿朗不知不覺流露了對爸爸的欣賞，讓爸爸很感動。在小組的其中一節，媽媽因工作未能參與，阿朗難得與爸爸一同出席。阿朗在漫畫內容裏設定了一位救護員的角色，他在創作過程中自豪地向其他組員介紹爸爸是救護員，可以協助傷者。阿朗爸爸目睹這過程，覺得很感動，因為從沒想過兒子是如此欣賞及尊敬自己所從事的職業。

阿朗的感想：

「我參加呢個活動時係覺得好開心！因為我唔需要跟住建築圖砌啦，可以自由發揮，砌唔同的主題。仲可以唔駛用筆寫，用樂高積木表達自己創作的故事，表達自己嘅諗法。好新奇！」

## 用樂高積木作為表達語言

在一次家長小組的重聚中，筆者邀請組員體驗用積木來表達想法。這次的經歷令阿莉覺察到自己生活中的慣性模式。家長們進行的是 Lc07. **別樹一塔**活動，而代表自己的人仔將站在塔頂。在搭建模型的過程中，組員不約而同地表示很久沒有用手去把玩積木，感覺很治癒。當各自介紹完自己的模型後，筆者邀請他們互相提問對別人模型感興趣之處。

阿娜：你個模型好特別、好有創意。係朝住四個角都有唔同的發展。而我所砌嘅都係對稱。

阿莉：你提到模型向住四個角發展，我依家先發現呢個模型真係同我依家嘅狀態好似——就係無方向。呢排忙著仔仔嘅小學面試，人地話對阿仔好，我就走去做。做了好多好多嘅嘢，但都係無方向。我反而好鍾意你嘅模型係有一條清晰的路上塔頂。

筆者：咁你點睇呢個狀態？

阿莉：我覺得好似太多嘢，好似有積木就砌晒入去咁。

筆者：如果依家俾你修改一下這個模型，你會想有咩變化？

阿莉：咁我要拆走好多嘢！

筆者：唔緊要，你想點砌都得。

阿莉：（一邊動手拿走四個角的零件）咁我要拆走很多嘢，要起返一條通道先得。

筆者：這個轉變後的模型比你咩感覺？

阿莉：清晰好多，簡單好多，有清楚嘅路可以到達目的地。

筆者：這個模型對你有什麼意義？

阿莉：我覺得這是一個提醒，要諗清楚自己想點，唔需要將時間表編到密密麻麻，而搞到阿仔同我都好累。

阿娜的提問讓阿莉覺察到模型與自己的連結，從而留意到自己的慣性狀態，增加了對自己的認識。隨後，其他組員也認同她是一位很努力的媽媽，為孩子出盡全力，也鼓勵她也要好好對自己，適當時就要休息。阿莉對模型的描述，與她一直在小組分享的故事很吻合。阿莉後來告訴筆者，這個搭建模型的畫面，就好像金句一樣提醒著她，她可以有不一樣的選擇：不需要別人說好就要做，可以想清楚自己真正想要甚麼。

阿莉的感想：
「原來用積木都可以用嚟表達。砌完望住個感覺好深刻！到依家有時我都會諗返起呢個模型，提一提自己係咪又再人哋話好我就走去做呢？」

# 結語

樂高積木的用途千變萬化，因此工作員在應用積木時，須清晰介入的目標，才能巧妙地善用積木的特色。在接觸 LEGO® Serious Play® 後，筆者發現積木是一個很好的促進反思及討論的工具。模型本身並沒有對與錯，最重要的是搭建者賦予它的意義以及它所代表的故事。往後，筆者會繼續發掘如何把積木與解説（debriefing）再來一個結合。

*參考資料*

Bab, M., & Boniwell, I. (2016). *Exploring positive psychology with LEGO® Serious Play®.* Retrieved from http://buildandshare.net/product/book-lego-serious-play-for-positive-psychology/

Blair, S., & Rillo, M. (2016). *Serious work: How to facilitate meetings & workshops using the Lego® Serious Play ® method.* UK: ProMeet.

Kristiansen, P., & Rasmussen, R. (2014). *Building a better business using the Lego® Serious Play® method*. New Jersey: Wiley.

**供稿者簡介：**

孫嘉琪(Annie)，註冊社工，畢業於香港浸會大學社會工作學系(學士課程)。自2009年起任職香港明愛康復服務。現職賽馬會喜伴同行計劃明愛家長教育及支援計劃。主要服務自閉症譜系障礙人士及其家庭。2020年初完成英國劍橋大學自閉症研究中心認可的LEGO®-Based Therapy課程，獲發由英國Bricks for Autism創辦人及總監Dr. Gina簽發之認可導師證書及資格。

# L5
# 高中生生涯規劃小組

黃幹知、張栢寧

**目的：** a）認識自己的處事風格及能力
b）為未來訂立目標及行動計劃

**對象：** 10 位剛完成中學文憑試的應屆考生

| 時間 | 目的 | 程序 / 形式 | 物資 |
|---|---|---|---|
| 10 分鐘 | • 等待遲到的組員<br>• 練習搭建技術 | **導入：La07. 逃出密室**<br>• 二人一組，活動完成後可簡單引導組員思考不停調動和選擇的經驗，與最近生活的感受是否相似，從而帶出本節的主題 | - Duplo® 積木及底板 |
| 10 分鐘 | • 建立工作關係<br>• 設定常規 | **簡介**<br>• 小組目的<br>• 參與協約 | |
| 30 分鐘 | • 反思自己的特質<br>• 互相回饋，覺察長處 | **反思：Lc07. 別樹一塔**<br>• 講解時可以用隱喻性的語言：「大家在同一地基上建設，使用相同物資，發展方向每人都不一樣。」<br>• 通過他人的回應，思考自己的能力 | - 每人 1 包 Exploration Kit<br>- Post-it |
| 45 分鐘 | • 以旅行的意義來思考自己的價值和態度 | **反思：Lc10. 理想美夢**<br>• 搭建自己畢業旅行的理想場景<br>• 二人一組提問不同的細節，從而思考自己所珍視的價值觀<br>• 對中六的學生來說，畢業旅行是一個近身的經驗，但同時要留意組員的社經地位差異會否對分享帶來影響 | - 多款 LEGO®/ Duplo® 積木<br>- 每人 1 塊底板 |
| 15 分鐘 | | **小休** | |
| 60 分鐘 | • 訂立目標，尋找發展路向，並訂定行動計劃 | **反思：Lc12. 回到未來**<br>• 自行搭建一個未來五年理想生活的景象<br>• 通過其他組員的提問，以自己與模型的距離思考如何邁向目標<br>• 思考上述 **Lc07. 別樹一塔**程序中 Post it 紙寫下的能力，如何在達成目標的過程中發揮 | - 多款 LEGO®/ Duplo® 積木<br>- 每人 1 塊底板 |
| 15 分鐘 | | **總結** | |

**反思及備註：**

- 本節小組為歷奇營後的重聚，組員之間已互相認識，大家也有一定程度的了解，因此可以用 LSP 的手法，讓組員彼此回饋去認識自己的長處，繼而根據對自身能力的覺察，去思考未來的目標。上述程序，適合發展階段成熟的小組進行，工作員宜提供足夠的時間，讓組員建立互信，從而發展人際學習的效果；
- 「生涯規劃」(Career and Life Planning) 是一個廣闊的概念，工作員宜跳出傳統的「升學」和「擇業」的概念，引導組員從其他方向去規劃自己的生活或休閒等部份，其中加插了 **Lc10. 理想美夢**的環節。由於中六學生正處於人生的十字路口，用 LSP 的手法，正好有助他們動手思考，梳理心中較混亂的想法和情緒，這手法對年級較低的學生未必奏效；
- 有時，組員本身已經有很多想法，因此一個簡單的活動足以令他們有很深入的分享。工作員要預留充份的時間給組員表達，或者以二至三人一組的形式讓他們有更深入的對話。

# L6
# 大專創業團隊建立

黃幹知

**目的**：a）強化組員之間的溝通，以應對合作創業時潛在的挑戰
b）讓不同組員發掘自己作為領袖的潛質

**對象**：48 位剛互相認識的大專生

| 時間 | 目的 | 程序 / 形式 | 物資 |
|---|---|---|---|
| 10 分鐘 | • 建立工作關係<br>• 設定常規 | **簡介**<br>• 8 人一組，分組就座<br>• 團隊建立之目的<br>• 參與協約 | |
| 15 分鐘 | • 破冰熱身<br>• 團隊建立<br>• 創意思維 | **體驗：Lb02. 圓形大比拼**<br>• 分 6 組圍圈進行 | - 每人 1 塊 LEGO® 積木 |
| 40 分鐘 | • 溝通技巧<br>• 分工授權<br>• 解決困難 | **體驗：Lb08. 輪住嚟砌**<br>• 每輪安排兩人出外觀看模型，並給予時間二人討論策略 | - 不同的 Duplo® 積木 |
| 20 分鐘 | • 分工合作<br>• 反思自己在小組的角色 | **反思：Lc05. 角色地圖**<br>• 每人為自己搭建角色地圖<br>• 二人一組分享及猜估不同模型代表誰<br>• 組長引導全組分享 | - 每人 1 包 Exploration Kit |
| 15 分鐘 | | **小休** | |
| 40 分鐘 | • 溝通技巧<br>• 編程思維<br>• 檢討策略 | • **體驗：Lb06. 傳電拼模**<br>• 分 6 組列隊進行，進行 5-6 輪，以競賽計分 | - 紅藍 Duplo® 積木 6 份<br>- 白板 / 白板筆 |
| 30 分鐘 | • 領導才能<br>• 提升團隊效能 | • **反思：Lc06. 魔法精靈**<br>• 想像有一位精靈加入成為領袖，令團隊發揮得更理想，這位領袖有何特質 | - 每人 1 包 Exploration Kit |
| 10 分鐘 | | **總結** | |

**反思及備註：**

- 活動的難度循序漸進，首兩個活動不需要太多搭建技巧，由 Lc05. **角色地圖**開始才慢慢培養搭建積木的技術及為積木賦予意義的技巧，入門者會較易上手；
- 這是三日兩夜創業營的首天活動。在過程中，團隊互動時會有很多受教時刻，組長宜把握時機引導組員思考，而不一定等到反思活動時才進行解說，這可為參加者在未來的合作打好基礎；
- 筆者曾於高中生的領袖訓練、企業同工的退修及團隊建立用此程序，組員皆有良好的反應。

# L7
# 社會創新日營

張栢寧、黃幹知

**目的**：a）讓組員掌握設計思維的精神
b）培養組員敢於創新及解難的能力

**對象**：20 位大專生，5 人一組

*第一節：認識設計思維*

| 時間 | 目的 | 程序 / 形式 | 物資 |
|---|---|---|---|
| 10 分鐘 | • 等待遲到的組員<br>• 破冰熱身 | **導入：La04. 與眾不同**<br>• 組員需細心聆聽別人對事物所作的形容，以及對用家 / 客戶保持好奇心，找出相同與不同的需要 | - 每組 1 袋積木 |
| 10 分鐘 | • 重溫設計思維 | **短講**<br>• 重溫設計思維（design thinking）步驟 | |
| 30 分鐘 | 1. 代入用家（Empathize） | **反思：Lc09. 即興故事**<br>• 每組邀請一人扮演購買熱氣球或跳降傘體驗的乘客<br>• 以訪問形式來了解用家的經歷、擔心，並請對方分享一個理想假期中應有的元素<br>• 提示組員於訪談時保持友善，代入對方的感受，從多方面去發掘和了解對方的看法 | - 每人 1 包 Exploration Kit |
| 10 分鐘 | | **小休** | |
| 30 分鐘 | 2. 定義問題（Define） | **反思：問題陳述**<br>• 代入客戶的感受及他所遇到的問題<br>• 訪談後歸納被訪客戶的問題、需要及期望，寫成一個「問題陳述」（problem statement） | - 紙筆 |
| 30 分鐘 | 3. 想像解方（Ideate） | **反思：腦力激盪**<br>• 原則可參考《一齊玩斗》（p. 188） | - Post-it 紙<br>- 筆 |
| 90 分鐘 | | **午飯** | |
| 45 分鐘 | 4. 製作原型（Prototype） | **體驗：Lb13. 降落傘**<br>• 工作員重溫製作「原型」理念<br>• 動手製作，組員以不同的物料製作出解決方案 | - 紙、筆、剪刀、膠紙及積木 |

| 時間 | 目的 | 程序 / 形式 | 物資 |
| --- | --- | --- | --- |
| 30 分鐘 | 5. 測試修正（Test） | **小組分享**<br>• 邀請組員試用及收集意見 | |
| 30 分鐘 | • 反思市場定位 | **反思：Lc05. 角色地圖**<br>• 反思自己的產品在市場上的獨特性和競爭力<br>• 可由組員自訂矩陣並加以分析 | - Post-it 紙<br>- A4 紙 |
| 15 分鐘 | | 總結 | |

**反思及備註：**

- 工作員可分拆小組內不同程序來組成一節獨立的小組，但須注意組員運用積木表達的能力，以免出現作品無法為人所理解的情況；
- 工作員應注意組員對用家及問題的理解，因為「定義問題」不夠精準時，往後的建議會給人一種「離地」的感覺；若組員人生閱歷不多，可以在「代入用家」環節中花更長時間去解說；
- 本節小組以認識及體驗設計思維過程為主。但假若小組的目的是希望讓組員針對社會問題，再自行尋找問題及推行方案，那麼可按組員有興趣的議題，約見相關的對象或民間組織，並多加節數作個別面見；
- 假如組員搜集資料的能力不俗、但對資料整合及提出假設信心不大時，工作員可鼓勵組員多作大膽假設及提出想法，然後嘗試驗證，讓組員知道發現不正確的地方也是重要的，有助獲得成功感；
- 工作員可請組員在小組過程中記錄想法，包括：對問題的理解、可行或不可行概念，然後定時重溫，以不斷加深自己對問題的認識和知道發展的方向，可避免工作員每次遇到某些問題或概念都要重新解說。

# L8
# 親子溝通小組

張栢寧、黃幹知

**目的**：a）讓組員以日常生活軼事來學習表達自己的想法
b）促進親子間的聆聽和表達技巧

**對象**：6 對小學生親子

| 時間 | 目的 | 程序 / 形式 | 物資 |
|---|---|---|---|
| 10 分鐘 | • 等待遲到的組員 | **導入：La01. 尋寶袋**<br>• 每組獲發一個細尋寶袋，活動過程中可簡單引導組員聯想與積木顏色及形狀相關的事物，帶出從多角度表達想法這個主題 | - Duplo® 積木 |
| 10 分鐘 | • 協約 | **了解狀態及協約**<br>• 介紹活動的目的<br>• 參與協約 | |
| 25 分鐘 | • 練習聆聽及表達溝通技巧 | **體驗：Lb07. 你講我砌**<br>• 親子一組，開眼進行<br>• 第一輪由家長表達，孩子搭建<br>• 第二輪由孩子表達，家長搭建<br>• 可再加入是否容許提問等，帶出雙向溝通的重要性 | - Duplo® 積木 |
| 20 分鐘 | • 代入對方的感受 | **反思：Lc02. 共情測試**<br>• 集中分享感受，提醒組員不要評論對方的表達技巧 | - Duplo® 積木 |
| 15 分鐘 | | **小休** | |
| 30 分鐘 | • 分享對家庭生活的想像及認同對方的貢獻 | **反思：Lc11. 你我他**<br>• 共同搭建一個夢寐以求的家居空間，並説明某些特定積木（如：書桌、床、廚具、人物等）的意思，更易緊扣主題<br>• 工作員提示家長在搭建過程中思考自己及對方在家庭的角色及貢獻<br>• 工作員也可提示互動過程中的提問要針對人、事、地、物、時，令組員的表達更全面及更具想像 | - 多款 LEGO® 積木<br>- DUPLO® 積木 #10833 |
| 10 分鐘 | | **總結** | |

**反思及備註：**

- 本節小組為小學生親子小組的第三節，家長的參與程度及角色十分重要，而且以不同的搭建活動為交流主題，建立共同目標，會較易打開話題。工作員可於小組開始前和家長協約，在是次活動中投入參與，並與其他組員互動，而非只是陪同孩子出席或從旁觀察；
- 在 Lb07. **你講我砌**的活動中，大家很易把平日的溝通習慣呈現（enact）出來。平日孩子未必有機會勇於表達對此溝通模式的感受。如果組員有心理準備，其實可以用手機拍下溝通的過程，之後再一同回顧，並反思這樣的溝通模式在甚麼處境中最常見；
- 若時間許可，可加入自由搭建的環節，由雙方共同擬定主題，創作一個故事，並與其他參加者分享；
- 這個小組中的二人一組活動，適用於伴侶關係增潤小組。

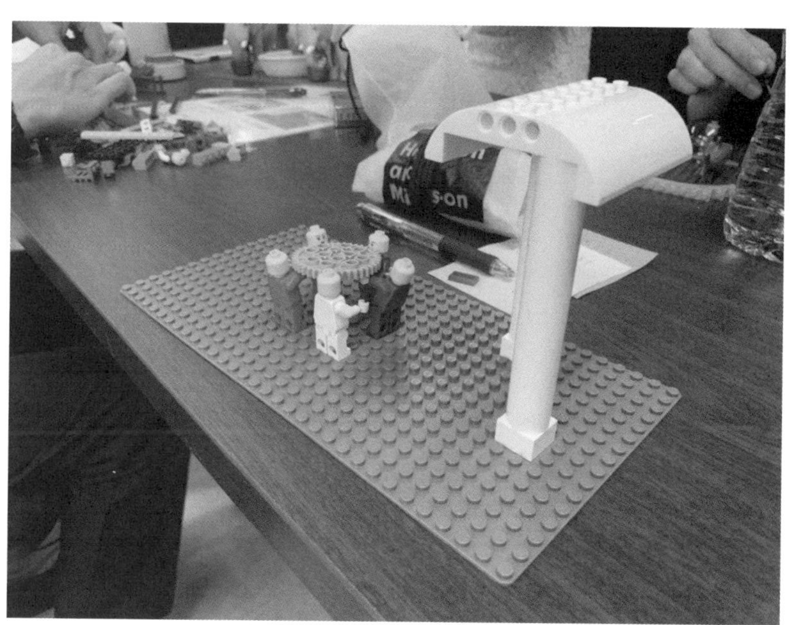

# L9
# 職青減壓工作坊

黃幹知

**目的**：a）培養組員對自身壓力情緒的覺察
b）讓組員思考在壓力處境下的不同出路

**對象**：6-8 位同一企業不同部門的職青

| 時間 | 目的 | 程序 / 形式 | 物資 |
|---|---|---|---|
| 10 分鐘 | • 建立工作關係 | **簡介**<br>• 工作坊之目的<br>• 參與協約：盡力投入、主動分享、留心聆聽、保密原則 | |
| 20 分鐘 | • 熱身導入<br>• 重現平日工作時的壓力 | **體驗：Lb14. 積木塔**<br>• 當所有人選擇了「PASS」後，遊戲即告完結 | - 不同尺寸的 Duplo® 積木 |
| 30 分鐘 | • 回顧有壓力時的感受<br>• 引導組員分享日常工作所面對的壓力 | **反思：Lc03. 神奇小鴨**<br>• 先搭建一隻鴨仔<br>• 改建鴨仔，令它能感受剛才的心情<br>• 改建鴨仔，令它能感受平日工作時的壓力 | - 每人 1 包 Exploration Kit |
| 10 分鐘 | • 認識 ABC 理論 | **短講：ABC 理論**<br>• 不同想法帶來不同的情緒後果 | - PowerPoint |
| 10 分鐘 | | **小休** | |
| 50 分鐘 | • 體驗不同想法所帶來的感受 | **反思：Lc04. 我的情緒**<br>• 由於組員較成熟，可直接由雙面故事來開始<br>• 借用小休前分享的工作點滴（activating events），把其他組員分兩個小隊來猜估當事人在不同想法（beliefs）下的感受（consequences）<br>• 每位組員輪流經驗一次分享及猜估過程 | - 每組 1 盒 Duplo® 積木：My First Emotions |
| 40 分鐘 | • 提出具體行動及建議 | **反思：Lc08. 掙扎一刻**<br>• 2-3 人一組，分享如何令某一個處境變得更好 | - 大量不同的積木及足夠的底板 |
| 10 分鐘 | | **總結及後續行動** | |

**反思及備註：**

- 在同一企業中，員工的工作壓力或許來自直屬上司或同一部門的同事，因此安排來自不同部門的同工參與，一方面可減少對營運的影響，另一方面可讓參加者暢所欲言；
- 以「積木塔」來開始，有助降低防衛心態，令參與的員工不會感到馬上便要進入正題；
- 「神奇小鴨」乃建基於「積木塔」的感受，會較易令參與的員工在不知不覺間把平日的工作壓力和盤托出；
- 「My First Emotions」是設計給幼童的積木，同工或會擔心成年人覺得這類活動幼稚，但由於這些積木表情豐富，加上活動時可以配合不同的身體語言來進行，因此成年人也會很享受整個過程。

# L10
# 退休義工——長者友善社區倡議小組

張栢寧、黃幹知

**目的**：a）讓組員歸納在社區生活中所面對的痛點
b）倡導如何改善社區設施

**對象**：8 位退休義工

| **時間** | **目的** | **程序 / 形式** | **物資** |
|---|---|---|---|
| 10 分鐘 | • 等待遲到的組員 | **導入：La05. 田**<br>• 按兩人一組分發積木，活動過程中引導組員從多角度思考，跳出自己固有的想法 | - 4 條長積木 |
| 10 分鐘 | • 重溫長者友善城市準則 | **短講**<br>• 重溫上節每人獲分配的世衛長者友善社區八大準則（下稱：「友善準則」）的其中四個：室外空間及建築、住所、交通、社區支持與健康服務 | |
| 20 分鐘 | • 歸納長者在社區生活中所面對的痛點 | **反思：Lc01. 心情方塊**<br>• 組員透過積木的顏色和形狀去分享自己所屬的友善準則中遇到的一次障礙經驗，以及當中的感受（如：到公園做運動、使用醫療服務）<br>• 工作員提示組員可分享親身經歷及觀察，每人大約 2-3 分鐘時間<br>• 工作員可於參加者分享後，先邀請有相似感受的組員緊接分享 | - 計時器<br>- 每人 1 包 Exploration Kit |
| 10 分鐘 | | **小休** | |
| 30 分鐘 | • 構思不同建議 | **反思：Lc10. 理想美夢**<br>• 組員用積木搭建上一環節所分享的場景（如：設施）<br>• 按友善準則，建議應如何改造此場景才可掃除之前遇到的障礙<br>• 與獲配同一友善準則的組員分享及提問 | - 上節活動相片 |

| 時間 | 目的 | 程序 / 形式 | 物資 |
|---|---|---|---|
| 30 分鐘 | • 提出具體行動及建議 | **反思：Te87. 廣告時段**<br>• 兩人一組準備一個「廣告」，介紹解決方案及如何令長者受惠<br>• 工作員先管理組員期望，表明這只是非常初步的建議，歡迎天馬行空，但相關的建議有機會啟發其他人的想法，會令組員更敢於提出自己的想法或建議<br>• 每組限時 30 秒演出廣告<br>• 其他小組對建議的提問及回應 | |
| 10 分鐘 | | **總結及後續行動** | |

**反思及備註：**

- 工作員可運用相近的小組流程，在社區工作的處境中，帶領不同社群（如：輪椅使用者、兒童遊樂設施使用者、居於不適切住房的街坊等）作議題探究，事先以 **Lb09. 傷健展能**的活動代入不同人士的需要；
- 本節小組的對象為退休長者，他們很容易對這個議題分享經驗。若對象為中學生，需在此一節之前加強組員認識相關議題，形式可為社區考察、訪談或體驗活動（如：參與社企 Eldpathy 的長者體驗活動）；
- 世衛在 2007 年提出的「長者友善社區」（或稱「年齡友善城市」）共有八個準則。本節小組探討的其中四個，都是與環境和設施有關，會較易運用積木來搭建倡議方案，而餘下四個準則和社區與人際關係有關，會較難運用積木表達改善建議；
- 組員在建議階段可能不敢提出建議，或嘗試尋找「標準答案」，工作員宜鼓勵組員從多角度思考議題；
- 本節小組的重點是讓組員按主題提出初步倡議計劃，從而提升他們對議題的認識，屬於倡議的第一步。若組員已有充份的準備，希望實行建議，則要多點考慮建議的可行性，工作員可用 **Lc12. 回到未來**的活動，通過兩人的提問，思考倡議的策略和手法，爭取更多持分者的支持（如：其他長者、區議員、相關政府部門等）。

# 參考資料

Blair, S., & Rillo, M. (2016). *Serious work: How to facilitate meetings & workshops using the LEGO® Serious Play® method.* UK: ProMeet.

Care for Education (2016a). *Activity booklet for LEGO® DUPLO® play box*. Denmark: The LEGO Foundation.

Care for Education (2016b). *Activity booklet for LEGO® play box*. Denmark: The LEGO Foundation.

Care for Education (n.d.). *Six bricks booklet*. Denmark: The LEGO Foundation.

Gomez De La Cuesta, G., & LeGoff, D. (2014). *LEGO-based therapy: How to build social competence through LEGO-based clubs for children with autism and related conditions*. London: Jessica Kingsley Publishers.

LEGO® Serious Play® (2010). *Open source introduction to LEGO® SERIOUS PLAY®*. *LEGO®* Group.

Kristiansen, P., & Rasmussen, R. (2014). *Building a better business using the LEGO® Serious Play Method*. New Jersey: Wiley.

Thomsen, A. (2018). *Thera-build with LEGO®: A playful therapeutic approach for promoting emotional well-being in children*. London: Jessica Kingsley Publishers.

黃楹進（2010）。《玩出創造力：50 個樂高創意遊戲》。台灣：揚智文化。

黃幹知、梁玉麒（2011）。《舉一玩十：一種物資帶領多個遊戲》。香港：策馬文創。

黃幹知、梁玉麒、劉有權（2012）。《一團和戲：130 個團隊遊戲帶領技巧》。香港：策馬文創。

黃幹知、梁玉麒（2013）。《一呼百應：200 個訓練活動帶領技巧》。香港：策馬文創。

黃幹知、梁玉麒（2014）。《一齊玩斗：100 個發展性主題遊戲活動》。香港：策馬文創。

# 遊戲設計及功能分析表

| 遊戲 | 設計與物資 | | | 主題與功能 | | | | | |
|---|---|---|---|---|---|---|---|---|---|
| | S | A | R | 破冰 / 導入 | 個人成長 | 人際溝通 | 組織 / 領導 | 社會 / 社區 | 其他 |
| La01. 尋寶袋 | * | | | * | | | | | |
| La02. 夠晒數 | | * | | * | | | | | |
| La03. 舞動扭扭樂 | | * | | * | | | | | |
| La04. 與眾不同 | * | | | * | | | | | |
| La05. 田 | * | | | * | | | 解難 | | |
| La06. 重力考驗 | | * | | * | | | 解難 | | |
| La07. 逃出密室 | | * | | * | | | 解難 | | |
| La08. 密鋪平面 | | * | | * | | | 解難 | | |
| La09. 圈圈密碼 | | * | | * | | | | | |
| La10. 記憶組合 | | * | | * | | | | | |
| La11. 拼拼猜猜 | | * | | * | | 表達 | | | |
| La12. 疊寶奇兵 | | * | | * | | 聆聽 | | | |
| Lb01. 尋積木 | * | | | 熱身 | | | 創意 | | |
| Lb02. 圓形大比拼 | * | | | 熱身 | | | 創意 | | |
| Lb03. 眼明口快 | * | | | 認識 | 自我 | | | 公平 | |
| Lb04. 共同創作 | | * | | | | | 創意 | | |
| Lb05. 你砌我讓 | | * | | | | 觀察 | | | |
| Lb06. 傳電拼模 | | * | | | 自我 | 言語 | 解難 | | STEM |
| Lb07. 你講我砌 | | * | | | | 表達 | 應變 | | |
| Lb08. 輪住黎砌 | | * | | | | 表達 | 策略 | | 分工 |

| 遊戲 | 設計與物資 | | | 主題與功能 | | | | | |
|---|---|---|---|---|---|---|---|---|---|
| | S | A | R | 破冰 / 導入 | 個人成長 | 人際溝通 | 組織 / 領導 | 社會 / 社區 | 其他 |
| Lb09. 傷健展能 | | * | | | | 溝通 | | 社群 | |
| Lb10. 重建高塔 | | * | | | | | 合作 | | STEM |
| Lb11. 青馬大橋 | | * | | | | | | | STEM |
| Lb12. 協作大橋 | | | * | | 管理 | | 合作 | | 反思 |
| Lb13. 降落傘 | * | | | | | | 解難 | | |
| Lb14. 積木塔 | | * | | | 自我 | | 合作 | | |
| Lb15. 走出迷宮 | | | * | | | | 合作 | | 反思 |
| Lb16. 瞎子摸象 | | * | | | 情緒 | | | | |
| Lc01. 心情方塊 | * | | | 協約 | | | | | |
| Lc02. 共情測試 | * | | | | | 共情 | | | 反思 |
| Lc03. 神奇小鴨 | | | * | 協約 | 自我 | 聆聽 | | | 技術 |
| Lc04. 我的情緒 | | * | | | 情緒 | 共情 | | | |
| Lc05. 角色地圖 | | * | | | | | 動力 | | |
| Lc06. 魔法精靈 | | | * | | | | 檢討 | | |
| Lc07. 別樹一塔 | | | * | | 自我 | 表達 | 創意 | | |
| Lc08. 掙扎一刻 | | | * | | 自我 | | | | |
| Lc09. 即興故事 | | | * | | 自我 | | | | 反思 |
| Lc10. 理想美夢 | | | * | | 自我 | | | 社區 | |
| Lc11. 你我他 | | | * | | 自我 | | | | |
| Lc12. 回到未來 | | * | | | 自我 | | 願景 | | |

Phone: (852) 3702 0133 / (852) 3702 0122  WhatsApp: (852) 9547 5947  Email: master@edutainment.h

**Master Edutainment** 成立於**2014**年，致力為企業、學校、青少年機構提供別開生面且極具吸引力的團隊建立活動，利用最貼近潮流的新興運動項目，配合歷奇及輔導技巧，讓參加者不知不覺地投入在團隊訓練的過程中，創造出美好而又難忘的共同經歷。在我們手上，弓箭、球拍甚至**LEGO**積木都能變成意想不到的訓練工具。

Website: http://edutainment.hk　Facebook/Instagram: @EdutainmentHK

## 導師資歷

活動導師具有合資格的證書或牌照並需要經過訓練方能執勤，並可提供「性罪行紀錄查核」，帶來安全、專業及高質素的活動體驗。

## 保障安全

「安全」永遠是最重視的一環，我們已為每個活動購買合適的第三者責任保險，而使用的裝備和器材皆為原裝正版和狀態良好的。

## 度身設計

我們的團隊有足夠的活動經驗，可以就不同的對象、環境、或特殊要求量身訂製活動內容，歡迎提出任何要求。

# M.E.精選活動推介

## 個人發展類

### 活用LEGO® 引導及輔導技巧工作坊

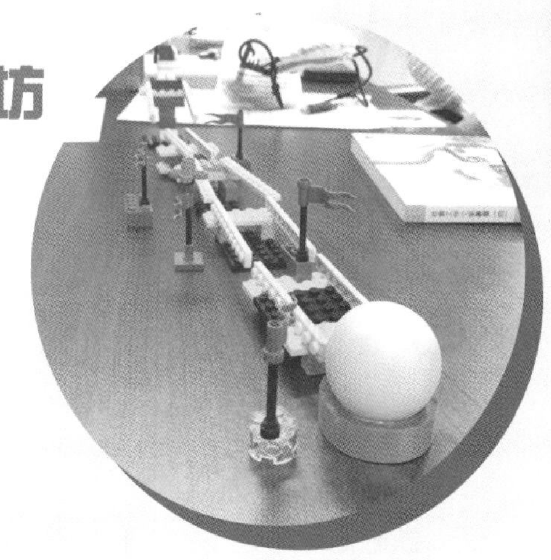

活用LEGO®作團隊發展及個人成長活動體驗，
在不同小組階段以LEGO®作Debriefing工具的引導方法。

對象：利用創新方法帶領小組活動的青少年工作者

效益：可運用積木於日常小組工作中

人數：8 - 30人

時間：共12小時

**其他主題：**

領導才能、理想團隊、設計思維……

## 團隊培訓類

### 創新運動小組

利用創新運動作媒介，吸引學生參與，並持續於小組內發展，促進社交關係達至共融。活動包括旋風球、攻防箭、泡泡足球、地板冰壺等創新運動類型。

對象：好動及需要改善社交技巧的學生

效益：學生更能融入團體生活

人數：8 - 20人

時間：每節1 - 3小時

**其他主題：**

領袖生訓練、團隊建立活動、教師發展日……

# 小組工作實務技巧專業培訓

歡迎各機構 / 學校 / 企業邀請我知 Sir 為同工進行培訓或團隊退修：

| 主題 | 內容重點 | 課時 | 對象 |
|---|---|---|---|
| 舉一玩十：<br>遊戲變身再變新 | • 遊戲之設計編排及講解與帶領技巧<br>• 舊酒新瓶創作新遊戲 7 式<br>• 一種物資帶領多個遊戲 | 3 小時 /<br>6 小時 | 社工 /<br>老師 /<br>WW/PW/<br>PA/<br>義工領袖 |
| 一團和戲：<br>歷奇輔導帶領技巧 | • 不同主題之歷奇輔導流程設計<br>• 歷奇輔導活動之帶領介入及安全技巧 | 6 小時 | |
| 課室管理：<br>課室帶活動及解說 | • 中小學生需要，人本建立關係（engage）及課室常規<br>• 爭取學生注意 30 招<br>• 全班活動及集體解說（Mass Debrief）技巧 | 3 小時 /<br>6 小時 | 社工 /<br>老師 /<br>WW |
| Debrief 入門班 | • 經驗學習法及小組解說基要概念<br>• 小組提問技巧入門 | 3 小時 | PW/PA/<br>義工領袖 |
| Debrief 初階班 | • 小組解說理論<br>• 提問架構與技巧：六何法、Roger 5F 等<br>• A.B.C.D.E.F. 引導技巧 | 3 小時 /<br>6 小時 | 社工 /<br>老師 /<br>WW/PW/<br>PA |
| Debrief 中階班 | • 以遊戲作解說（Debrief Games），示範輪換、位置、小卡、另類遊戲、藝術文本、戲劇等方式作解說 | 3 小時 /<br>6 小時 | |
| Debrief 高階班 | • 在發展性小組中以合宜的遊戲及上堆下砌解說提問法帶出主題，如：個人成長、人際非暴力溝通、組織領導及義工、公民與社會公義 | 1 日<br>(6 小時 ) | 有經驗<br>社工 /<br>老師 /<br>WW |
| Debrief 進階班 | • 尋解導向（Solution-focused）解說提問技巧<br>• 過程取向及知行易徑（SSLD）介入小組關鍵事件<br>• 實務練習 / 現場督導（Live Supervision） | 2 日<br>(12 小時 ) | |
| 活用 Apps 帶討論：<br>電子 Debriefing | • 如何互動做講座：實時投票 / 回應及問答比賽平台<br>• 全組協作做研習：腦圖及小組討論協作工具<br>• 善用影音做反思：以多媒體形式深化 Debriefing | 3 小時 /<br>6 小時 | |
| 相入非扉：攝影為本活動 | • 體驗攝影為本遊戲：攝影概念、拍攝、選相及加工等系列活動如何帶出個人成長 / 社區影像發聲小組<br>• 不同場景、年紀之服務對象的小組應用案例 | 1-2 日<br>(6 小時<br>/12 小時 ) | 社工 /<br>老師 /<br>WW/PW/<br>PA |
| 棋玩旅程：桌遊帶領及解說初階技巧 | • 體驗個人 / 人際 / 組織 / 社會主題之精選桌上遊戲<br>• 練習如何用不同的解說提問技巧帶出主題訊息 | 3 小時 /<br>6 小時 | |

| 主題 | 內容重點 | 課時 | 對象 |
|---|---|---|---|
| 棋玩旅程：桌遊帶領及解說進階技巧 | • 運用桌上遊戲及不同圖卡引導組員分享<br>• 處理桌遊過程中的關鍵事件 | 3 小時 / 6 小時 | 有桌遊經驗之社工 |
| 混合藝術媒介小組活動 | • 藝術活動應用的理論、活動設計及帶領要點<br>• 體驗不同混合媒介物料於自我認識、個人成長、人際溝通等主題之活動 | 6 小時 / 2/3 日 | 社工 / 老師 / WW |
| 活用 LEGO® 積木團隊引導 / 個人成長 | • 活用 LEGO® 積木作團隊發展及培訓 / 個人成長及認識自我活動體驗<br>• 不同小組階段以 LEGO® 積木作 Debriefing 工具<br>• 小組輔導及 Debriefing 提問技巧 | 6 小時 / 12 小時 | 社工 / 老師 / WW |
| 臨床督導小組 | • 導師親臨小組活動現場作督導；或<br>• 同工分享小組計劃書或程序表；或<br>• 同工播放小組活動影片作朋輩督導小組 | 6-24 小時 | 有經驗社工 |
| 性格透視 ® 團隊建立 | • 以 Personality Dimensions® 讓單位同工更認識自己和他人的核心需要、工作風格及小組動力，強化團隊關係，適合單位全體同工退修 | 3 小時 / 6 小時 | 任何職級同工 |

費用 / 報名連結：bit.ly/gsirtraining

查詢：黃幹知社工，叢書編者之一

（電郵：kevinwongkonchi@yahoo.com.hk）

**過往參加者的評價：**

- 與組員同在（Here & Now）
- 對 process 的重視和敏鋭
- 透過經驗學習加深帶組之技巧，更有信心
- 學到用更多的遊戲去收集參加者的感受及需要
- 學懂應變，不要只著重遊戲成功與否，而應著重過程及感受
- 很有啟發，提醒多思考活動背後目標，參與者行為背後需要